쉽고 재미있게 생각하는 연산!

연산력 수학

A5
(6~7세)

더하기와 빼기 5, 10

똑!똑! 연산력 수학
노크의 구성

연산 학습 ▶ 하루에 4쪽씩 한 가지 주제를 학습합니다.

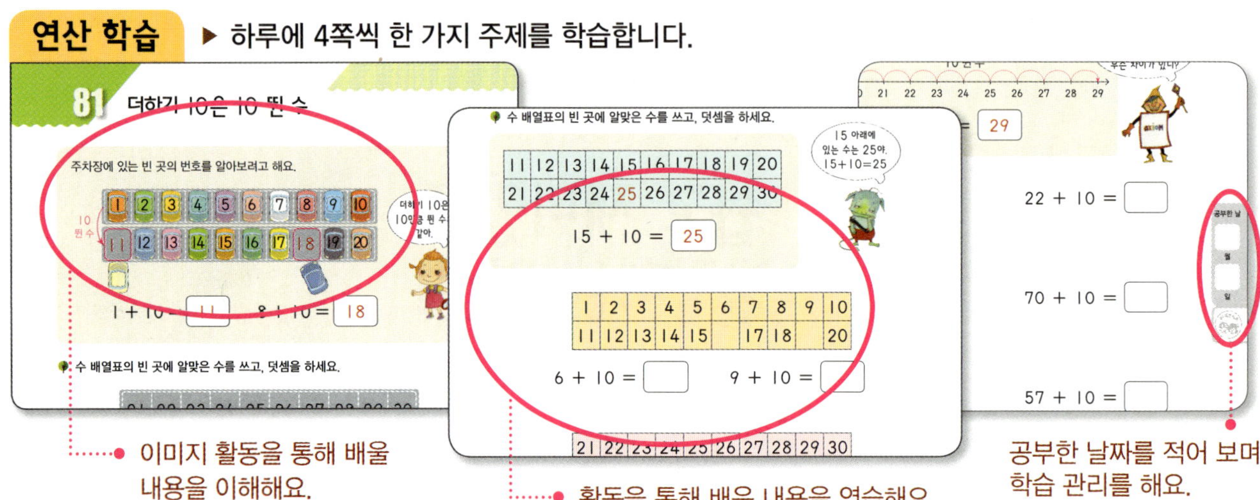

• 이미지 활동을 통해 배울
　내용을 이해해요.

• 활동을 통해 배운 내용을 연습해요.

공부한 날짜를 적어 보며
학습 관리를 해요.

평가 ▶ 배웠던 주제를 평가해 봅니다.

"문제 생성기" QR코드를 이용하면
여러 문제를 더 풀어 볼 수 있어요.

연산 보충 학습 ▶ 연산 학습의 부족한 부분을 연습합니다.

각 주제별로 학습했던 연산 학습 중 연습
이 더 필요한 부분을 본책 맨 뒤에서 제공
합니다.
해당 연산 학습을 끝낸 후에 사용하세요.

연산력 수학 노크만의 스마트 학습

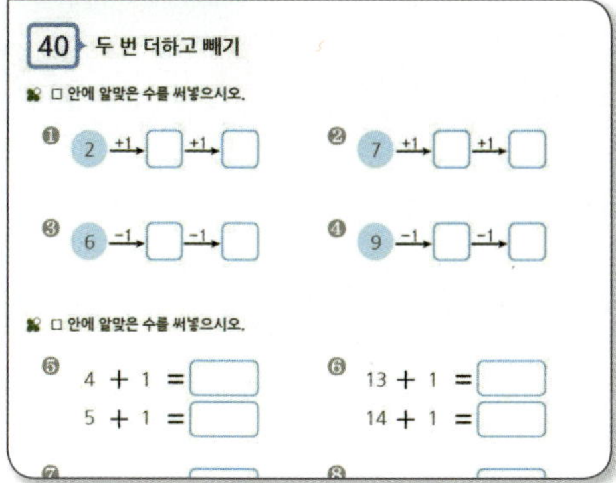

"**무엇을 배웠을까요**"를 풀고 난 후 QR코드를 찍어 보세요.
새로운 문제들이 계속 생성됩니다.
출력하여 사용하세요.

"**연산력 게임**" 코너에 있는 QR코드를 찍어 보세요.
연산 학습과 연계된 재미있는 연산력 게임을 할 수 있습니다.

애니메이션

연산력 수학 노크에 나오는 친구들을 소개해요!!

모험가 친구들

지오
호기심 공주

태경
활동파 리더

마법사 멀린과 수학 요정

마법사 멀린

꼬마 요괴

딴소리

한입

장난

딴짓

멍하니

잠만자

울보

거꾸로

차례

99까지의 더하기 10 ······ 5

- 더하기 10은 10 뛴 수
- 더하기 10은 10 큰 수
- 바꾸어 더하기
- 더하기 10, 10 더하기
- □가 있는 더하기 10

99까지의 더하기 5 ······ 29

- 더하기 5는 5 뛴 수
- 더하기 5는 5 큰 수
- 바꾸어 더하기
- □가 있는 더하기 5
- 두 번 더하기

99까지의 빼기 10 ······ 53

- 빼기 10은 거꾸로 10 뛴 수
- 빼기 10은 10 작은 수
- □가 있는 빼기 10
- 더하기 10과 빼기 10
- ＋와 －

99까지의 빼기 5 ······ 77

- 빼기 5는 거꾸로 5 뛴 수
- 빼기 5는 5 작은 수
- □가 있는 빼기 5
- 더하기 5와 빼기 5
- ＋와 －

연산 보충 학습 ······ 101

99까지의 더하기 10 

81 더하기 10은 10 뛴 수 ································ 6

82 더하기 10은 10 큰 수 ································ 10

83 바꾸어 더하기 ································ 14

84 더하기 10, 10 더하기 ································ 18

85 □가 있는 더하기 10 ································ 22

무엇을 배웠을까요 ································ 26

▶ 연산 보충 학습(102~103쪽)에서 더 풀어 보세요.

학부모 지도 가이드

이번 차시에는 더하기 10을 공부합니다. 더하기 10은 10개씩 묶음의 수가 하나 더 많아져서 십의 자리 숫자가 1 커진다는 것을 스스로 알도록 지도해 주세요. 수 배열표를 이용해서 개념을 설명해도 좋고, 동전 등을 이용해도 좋습니다.

➡ 55 + 10은 55보다 10 큰 수이므로 65입니다. ➡ 55 + 10 = 65

더하기 10은 10 뛴 수

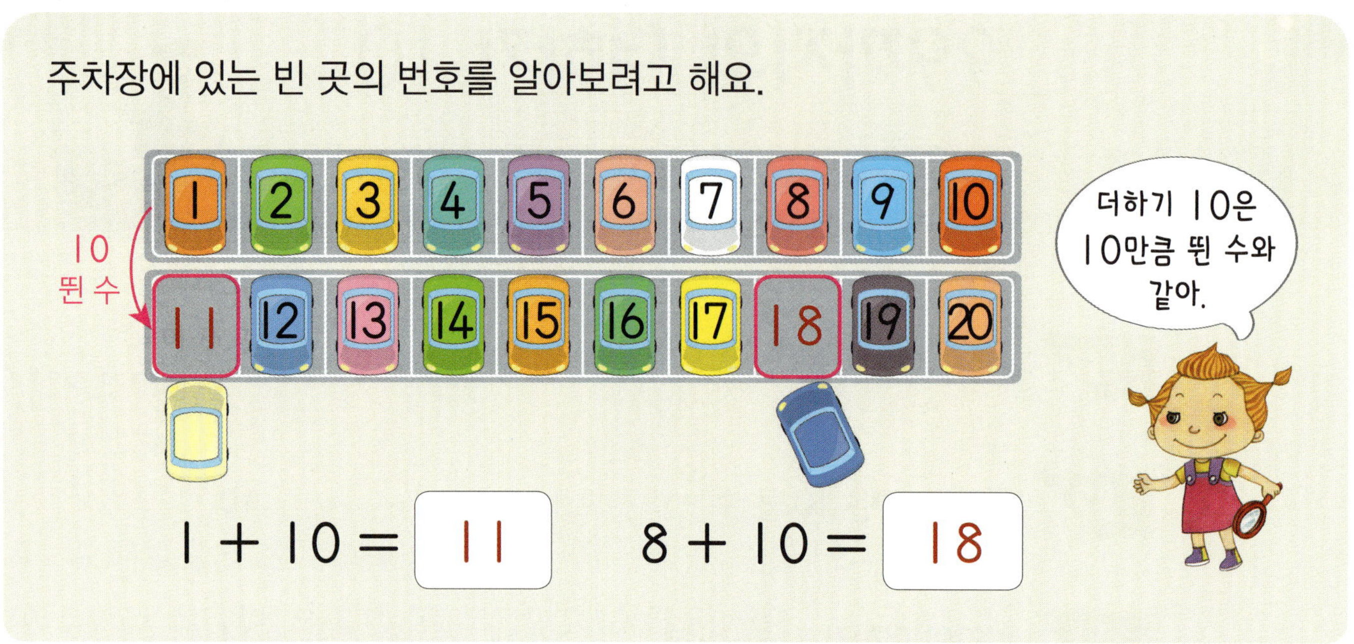

🌳 수 배열표의 빈 곳에 알맞은 수를 쓰고, 덧셈을 하세요.

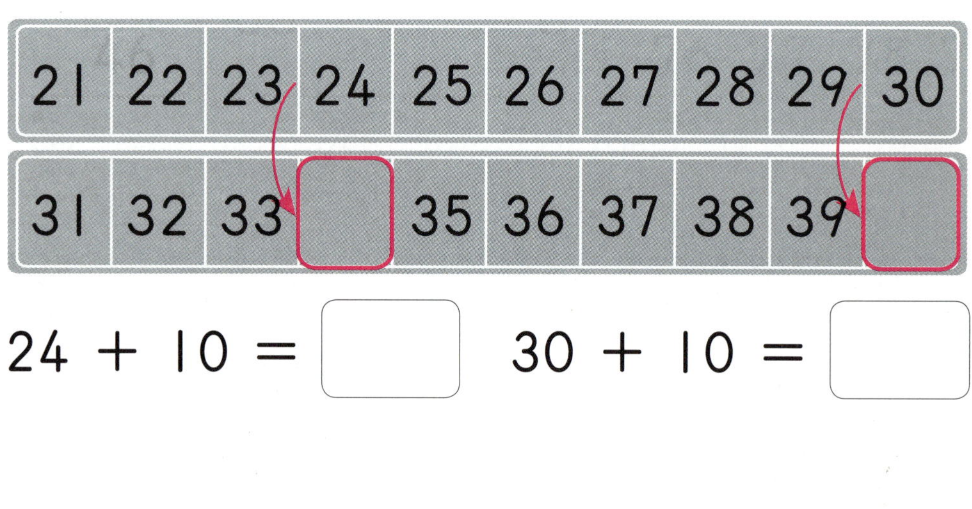

11	12	13	14	15	16	17	18	19	20
21	22	23	24	25	26	27	28	29	30

$$15 + 10 = \boxed{25}$$

1	2	3	4	5	6	7	8	9	10
11	12	13	14	15		17	18		20

$$6 + 10 = \boxed{} \qquad 9 + 10 = \boxed{}$$

21	22	23	24	25	26	27	28	29	30
	32	33	34	35	36		38	39	40
41		43	44	45	46	47		49	50

$$21 + 10 = \boxed{} \qquad 27 + 10 = \boxed{}$$

$$32 + 10 = \boxed{} \qquad 38 + 10 = \boxed{}$$

지오와 태경이가 10 뛴 수를 찾아 더하기 10을 공부하고 있어요.

$$36 + 10 = \boxed{46}$$

🌳 비어 있는 🪵에 10 뛴 수를 쓰고, 덧셈을 하세요.

$$23 + 10 = \boxed{}$$

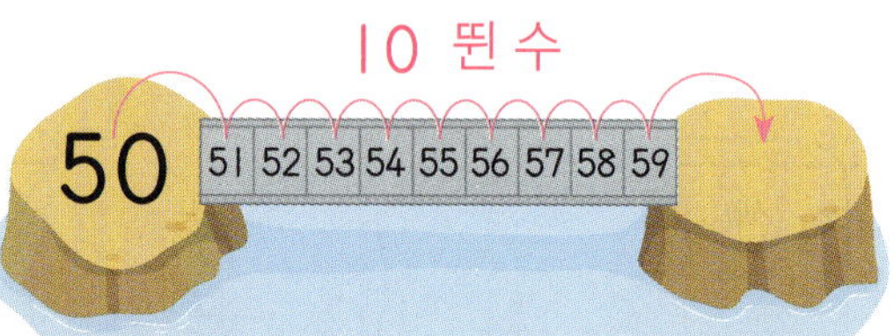

$$50 + 10 = \boxed{}$$

$$63 + 10 = \boxed{}$$

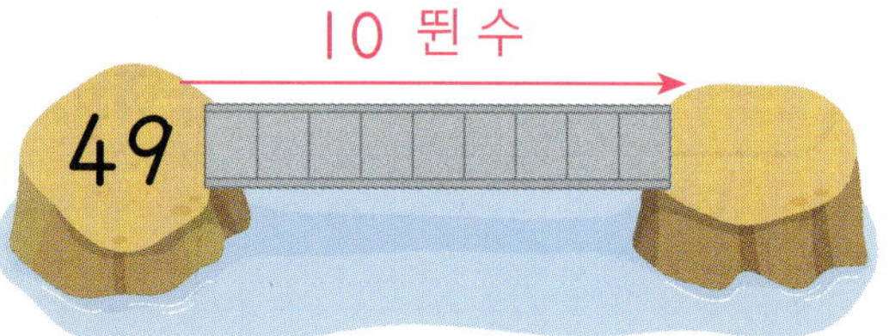

$$49 + 10 = \boxed{}$$

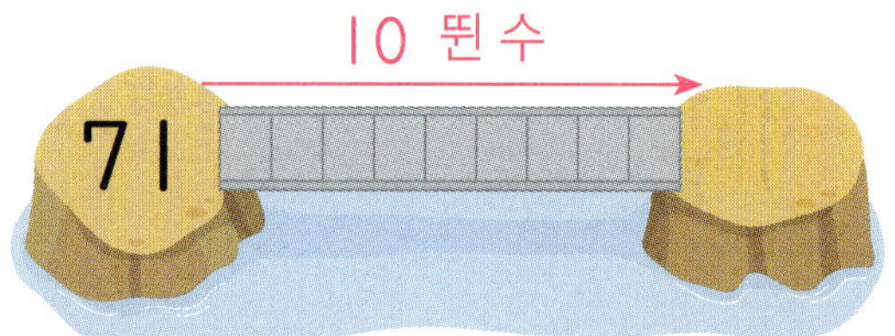

$$71 + 10 = \boxed{}$$

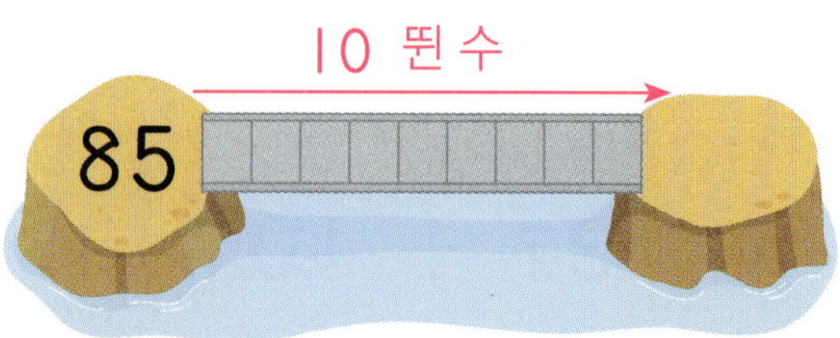

$$85 + 10 = \boxed{}$$

🌱 **덧셈을 하세요.**

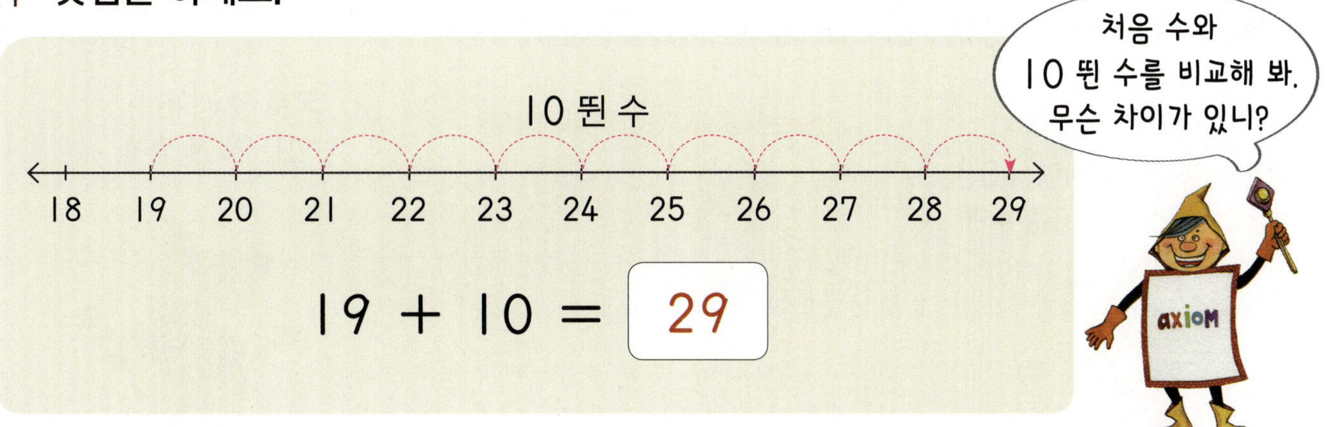

$15 + 10 =$ ☐ $22 + 10 =$ ☐

$44 + 10 =$ ☐ $70 + 10 =$ ☐

$31 + 10 =$ ☐ $57 + 10 =$ ☐

$83 + 10 =$ ☐ $66 + 10 =$ ☐

공부한 날

월

일

더하기 10은 10 큰 수

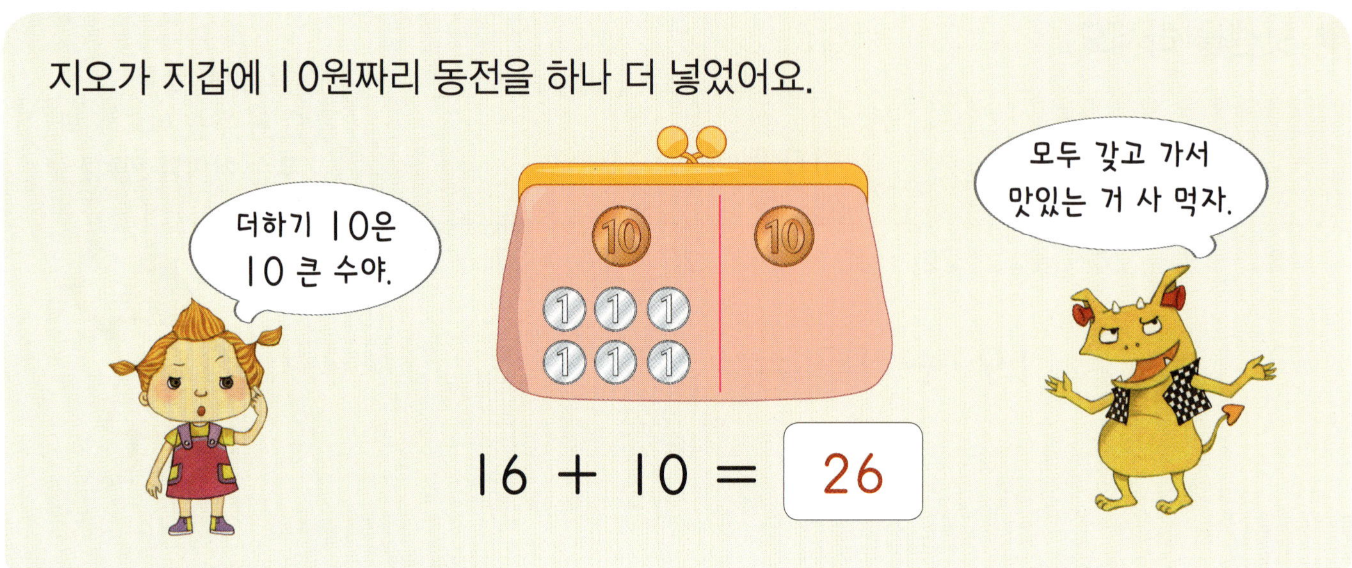

🌳 그림을 보고 덧셈을 하세요.

25 + 10 =

9 + 10 =

32 + 10 =

51 + 10 =

🌳 10원짜리 동전을 하나 더 색칠하고 덧셈을 하세요.

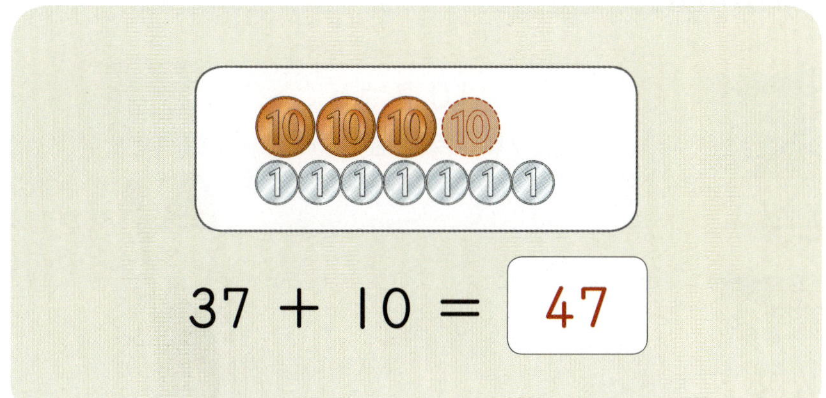

$$37 + 10 = \boxed{47}$$

$$28 + 10 = \boxed{}$$

$$55 + 10 = \boxed{}$$

$$80 + 10 = \boxed{}$$

$$62 + 10 = \boxed{}$$

$$34 + 10 = \boxed{}$$

$$46 + 10 = \boxed{}$$

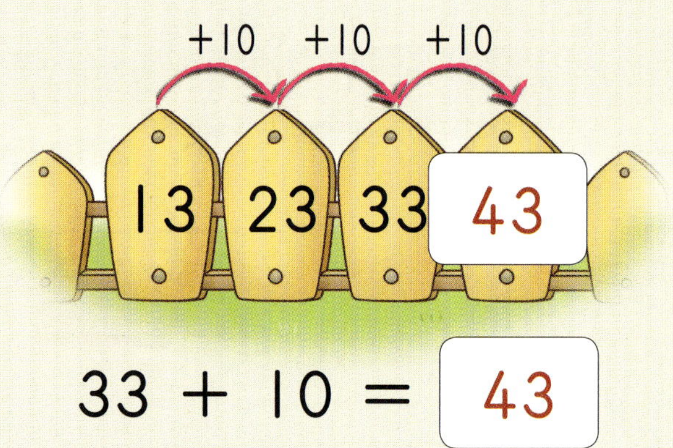

🌳 ☐ 안에 알맞은 수를 쓰세요.

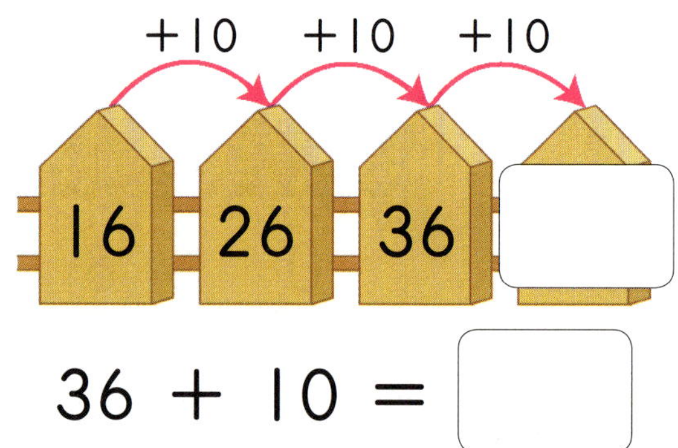

36 + 10 = ☐

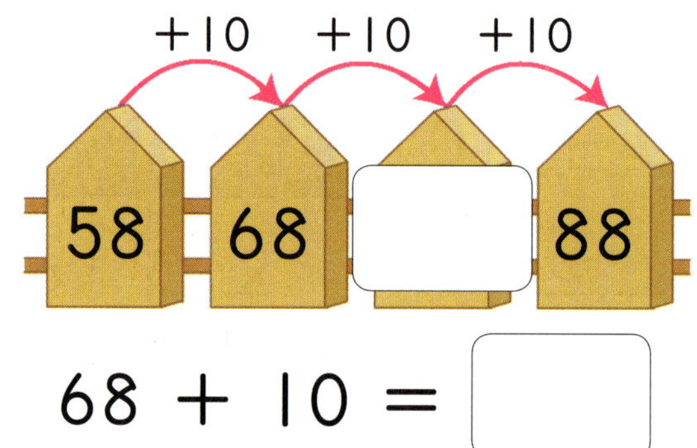

68 + 10 = ☐

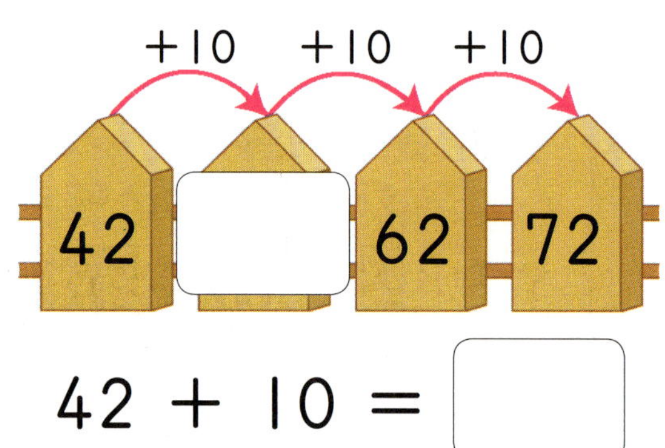

42 + 10 = ☐

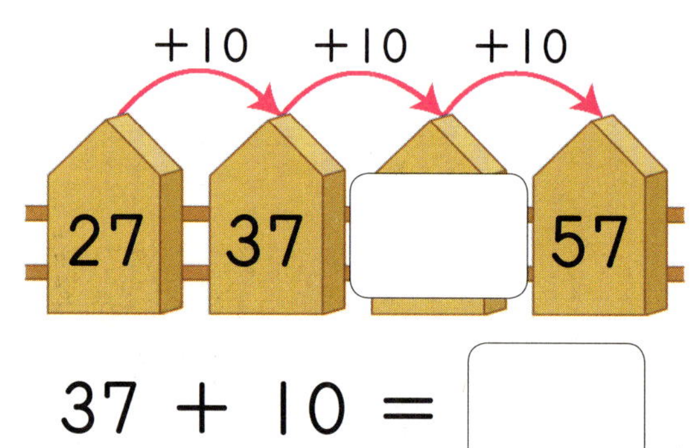

37 + 10 = ☐

🌳 **덧셈을 하세요.**

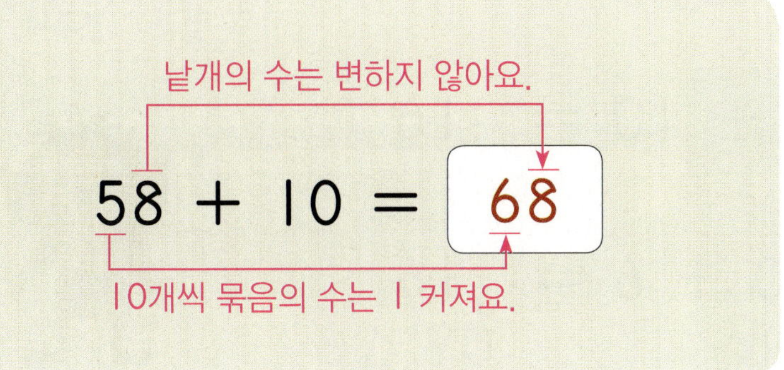

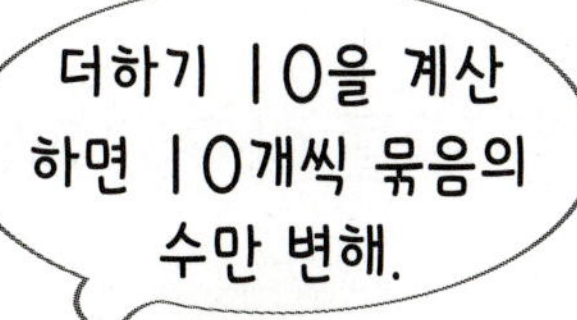

26 + 10 = ☐ 　　　 10 + 10 = ☐

61 + 10 = ☐ 　　　 80 + 10 = ☐

47 + 10 = ☐ 　　　 39 + 10 = ☐

56 + 10 = ☐ 　　　 73 + 10 = ☐

바꾸어 더하기

친구가 두 수를 바꾸어 더해 보았어요.

$6 + 10 =$ 16

$10 + 6 =$ 16

 바꾸어 더해도 결과는 같아요. 덧셈을 하세요.

$23 + 10 =$

$10 + 23 =$

$52 + 10 =$

$10 + 52 =$

$70 + 10 =$

$10 + 70 =$

$$16 + 10 = \boxed{26}$$
$$10 + 16 = \boxed{26}$$

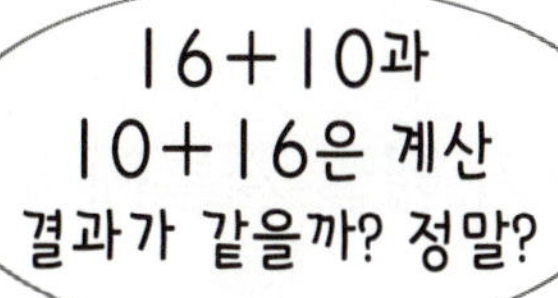

$$7 + 10 = \boxed{}$$
$$10 + 7 = \boxed{}$$

$$26 + 10 = \boxed{}$$
$$10 + 26 = \boxed{}$$

$$49 + 10 = \boxed{}$$
$$10 + 49 = \boxed{}$$

$$63 + 10 = \boxed{}$$
$$10 + 63 = \boxed{}$$

$$55 + 10 = \boxed{}$$
$$10 + 55 = \boxed{}$$

$$31 + 10 = \boxed{}$$
$$10 + 31 = \boxed{}$$

지오가 양팔 저울에 추를 올려놓았어요.

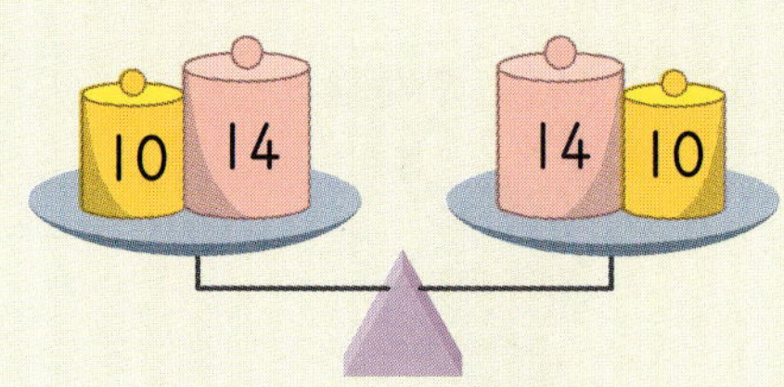

$10 + 14 = \boxed{24}$

$14 + 10 = \boxed{24}$

🌳 덧셈을 하세요.

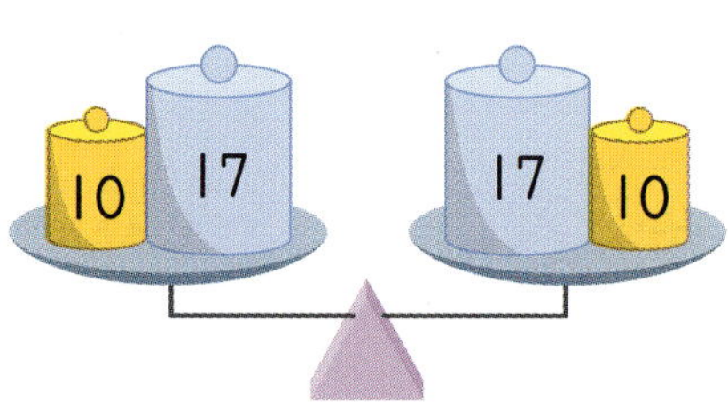

$10 + 17 = \boxed{}$

$17 + 10 = \boxed{}$

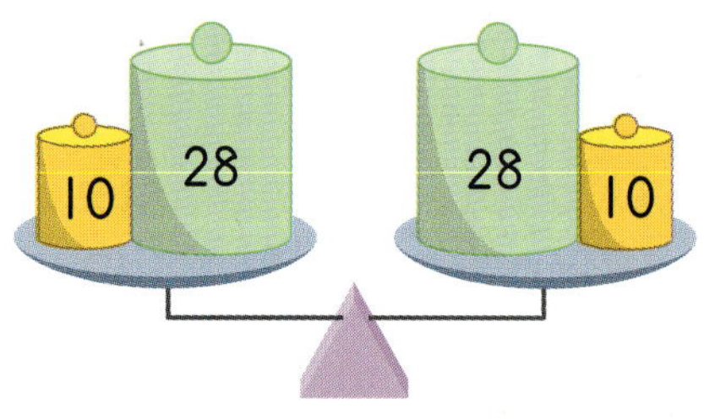

$10 + 28 = \boxed{}$

$28 + 10 = \boxed{}$

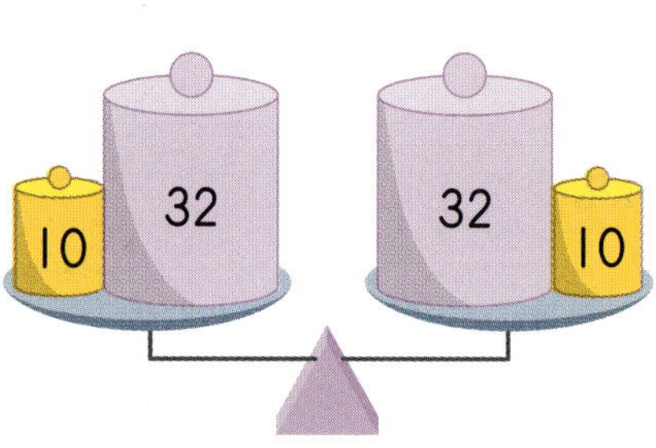

$10 + 32 = \boxed{}$

$32 + 10 = \boxed{}$

● 덧셈을 하세요.

$$10 + 35 = \boxed{45}$$
$$35 + 10 = \boxed{45}$$

$$10 + 4 = \boxed{}$$
$$4 + 10 = \boxed{}$$

$$10 + 39 = \boxed{}$$
$$39 + 10 = \boxed{}$$

$$10 + 46 = \boxed{}$$
$$46 + 10 = \boxed{}$$

$$10 + 19 = \boxed{}$$
$$19 + 10 = \boxed{}$$

$$10 + 67 = \boxed{}$$
$$67 + 10 = \boxed{}$$

$$10 + 58 = \boxed{}$$
$$58 + 10 = \boxed{}$$

공부한 날

월

일

더하기 10, 10 더하기

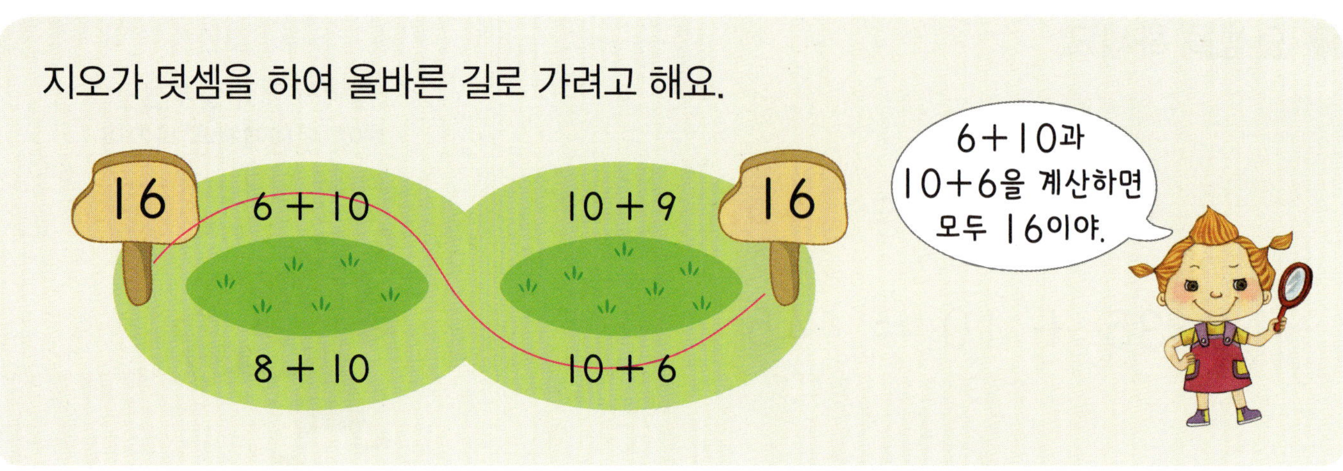

● 계산 결과가 🍄 안의 수가 되는 덧셈식을 따라 선을 그으세요.

23
12 + 10
10 + 14
23
13 + 10
10 + 13

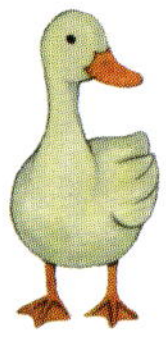

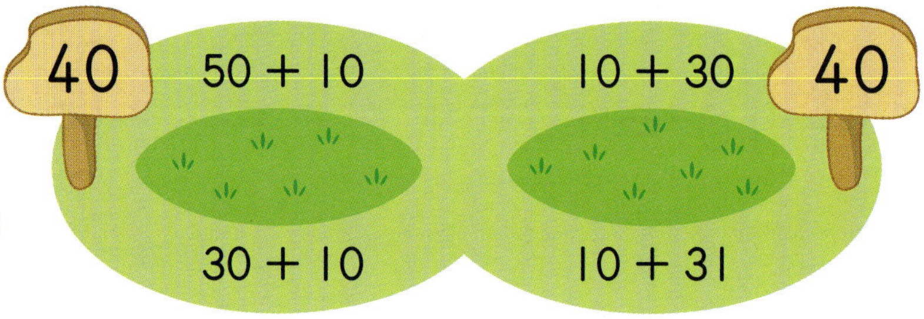

40
50 + 10
10 + 30
40
30 + 10
10 + 31

57
47 + 10
10 + 47
57
37 + 10
10 + 37

$$10 + 38 = \boxed{48}$$

$$38 + 10 = \boxed{48}$$

$$12 + 10 = \boxed{}$$

$$10 + 12 = \boxed{}$$

$$37 + 10 = \boxed{}$$

$$10 + 37 = \boxed{}$$

$$68 + 10 = \boxed{}$$

$$10 + 68 = \boxed{}$$

$$44 + 10 = \boxed{}$$

$$10 + 44 = \boxed{}$$

$$10 + 16 = \boxed{}$$

$$16 + 10 = \boxed{}$$

$$10 + 22 = \boxed{}$$

$$22 + 10 = \boxed{}$$

태경이와 지오가 T자 퍼즐을 풀고 있어요.

🌱 빈칸에 알맞은 수를 쓰세요.

14 + 10 =
+
14
=

26 + 10 =
+
26
=

59 + 10 =
+
59
=

67 + 10 =
+
67
=

$10 + 26 = \boxed{36}$

$26 + 10 = \boxed{36}$

$5 + 10 = \boxed{}$

$42 + 10 = \boxed{}$

$30 + 10 = \boxed{}$

$78 + 10 = \boxed{}$

$10 + 11 = \boxed{}$

$10 + 64 = \boxed{}$

$10 + 37 = \boxed{}$

$10 + 89 = \boxed{}$

⬜가 있는 더하기 10

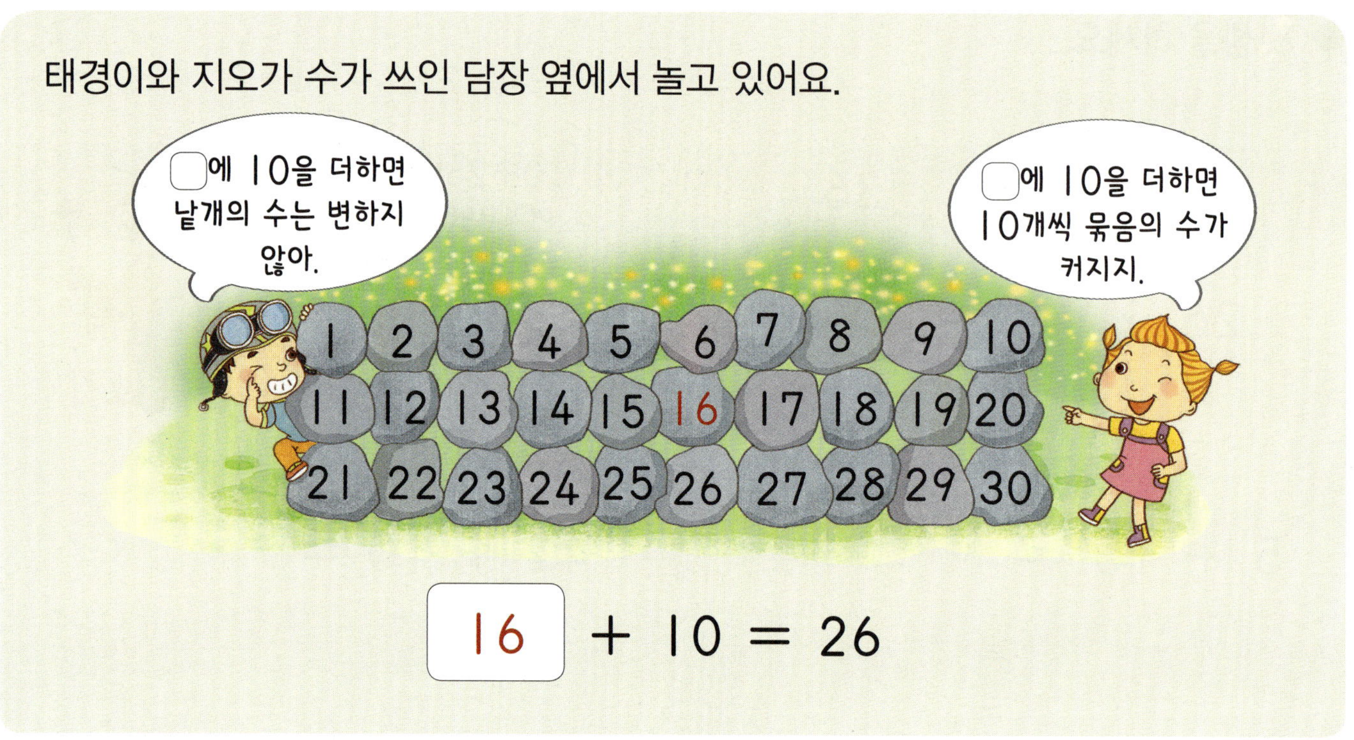

$$16 + 10 = 26$$

🌳 수 배열표를 보고, ⬜ 안에 알맞은 수를 쓰세요.

41	42	43	44	45	46	47	48	49	50
51	52	53	54	55	56	57	58	59	60

⬜ $+ 10 = 56$ ⬜ $+ 10 = 58$

61	62	63	64	65	66	67	68	69	70
71	72	73	74	75	76	77	78	79	80
81	82	83	84	85	86	87	88	89	90

⬜ $+ 10 = 73$ ⬜ $+ 10 = 87$

🌳 ☐ 안에 알맞은 수를 쓰세요.

$$\boxed{14} + 10 = 24$$

10개씩 묶음의 수만 달라요.

☐ $+ 10 = 15$

☐ $+ 10 = 20$

☐ $+ 10 = 38$

☐ $+ 10 = 41$

☐ $+ 10 = 56$

☐ $+ 10 = 73$

☐ $+ 10 = 67$

☐ $+ 10 = 92$

지오가 신기한 덧셈을 보여 주고 있어요.

$$21 + 10 = 31$$
$$10 + 21 = 31$$

🌳 ☐ 안에 알맞은 수를 쓰세요.

☐ $+ 10 = 13$
$10 +$ ☐ $= 13$

☐ $+ 10 = 28$
$10 +$ ☐ $= 28$

☐ $+ 10 = 30$
$10 +$ ☐ $= 30$

☐ $+ 10 = 47$
$10 +$ ☐ $= 47$

☐ $+ 10 = 53$
$10 +$ ☐ $= 53$

☐ $+ 10 = 65$
$10 +$ ☐ $= 65$

🌳 □ 안에 알맞은 수를 쓰세요.

$$10 + \boxed{12} = 22$$
$$\boxed{12} + 10 = 22$$

$10 + \boxed{} = 11$ $\qquad$ $10 + \boxed{} = 37$

$10 + \boxed{} = 49$ $\qquad$ $10 + \boxed{} = 62$

$10 + \boxed{} = 81$ $\qquad$ $10 + \boxed{} = 76$

$10 + \boxed{} = 90$ $\qquad$ $10 + \boxed{} = 99$

🌲 수 배열표의 빈 곳에 알맞은 수를 쓰고, 덧셈을 하세요.

51	52	53	54	55	56	57	58	59	60
61	62		64	65	66	67	68	69	

$$53 + 10 = \boxed{} \qquad 60 + 10 = \boxed{}$$

🌲 그림을 보고 덧셈을 하세요.

$$24 + 10 = \boxed{} \qquad 48 + 10 = \boxed{}$$

🌲 덧셈을 하세요.

$$39 + 10 = \boxed{} \qquad 70 + 10 = \boxed{}$$

$$16 + 10 = \boxed{} \qquad 55 + 10 = \boxed{}$$

🌲 바꾸어 더해도 결과는 같아요. 덧셈을 하세요.

$35 + 10 =$ ☐

$10 + 35 =$ ☐

🌲 덧셈을 하세요.

$8 + 10 =$ ☐
$10 + 8 =$ ☐

$72 + 10 =$ ☐
$10 + 72 =$ ☐

🌲 ☐ 안에 알맞은 수를 쓰세요.

$10 +$ ☐ $= 39$

☐ $+ 10 = 25$

$10 +$ ☐ $= 83$

☐ $+ 10 = 57$

$10 +$ ☐ $= 46$

☐ $+ 10 = 93$

연산력 게임

QR코드를 찍으면 다양한 연산 게임을 할 수 있어요.

모두 몇일까요

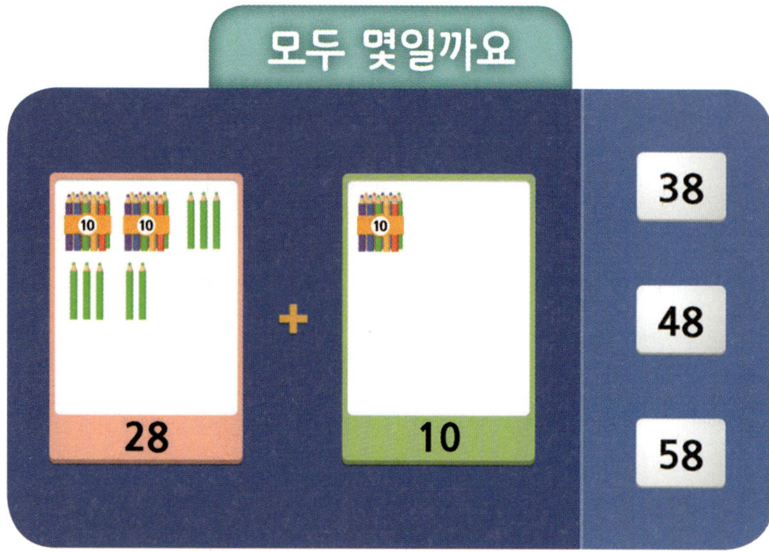

양쪽에 있는 연필의 수를 더하면 모두 얼마일까요?

왼쪽의 두 연필 수를 더한 것을 오른쪽에서 누르세요.
38을 누르면 정답입니다.

공에 써 있는 두 수의 덧셈을 해 보세요.

공에 써 있는 두 수의 덧셈 결과를 저울에 있는 눈금 중에서 찾아 누르세요.
27을 누르면 정답입니다.

공의 무게를 맞혀요

99까지의 더하기 5

86 더하기 5는 5 뛴 수 ……………………………… 30

87 더하기 5는 5 큰 수 ……………………………… 34

88 바꾸어 더하기 ……………………………………… 38

89 □가 있는 더하기 5 ………………………………… 42

90 두 번 더하기 ……………………………………… 46

무엇을 배웠을까요 ……………………………………… 50

▶ 연산 보충 학습(104~105쪽)에서 더 풀어 보세요.

학부모 지도 가이드

이번 차시에는 더하기 5를 공부합니다. 더하기 5는 10개씩 묶음의 수가 1 커지는 더하기 10과는 다르게 받아올림을 아직 공부하지 않았으므로 손가락이나 수 배열표를 이용하여 수를 뛰어 세어 계산하도록 지도해 주세요. 뛰어 세어 보면 5 큰 수가 되는 두 수, 즉 (1, 6), (2, 7), (3, 8), (4, 9), (5, 0)이 일정하다는 것도 아이들이 알 수 있도록 설명해 주세요.

$$1 + 5 = 6 \Rightarrow 6 + 5 = 11 \Rightarrow 11 + 5 = 16 \Rightarrow 16 + 5 = 21$$
$$5 + 5 = 10 \Rightarrow 10 + 5 = 15 \Rightarrow 15 + 5 = 20 \Rightarrow 20 + 5 = 25$$

더하기 5는 5 뛴 수

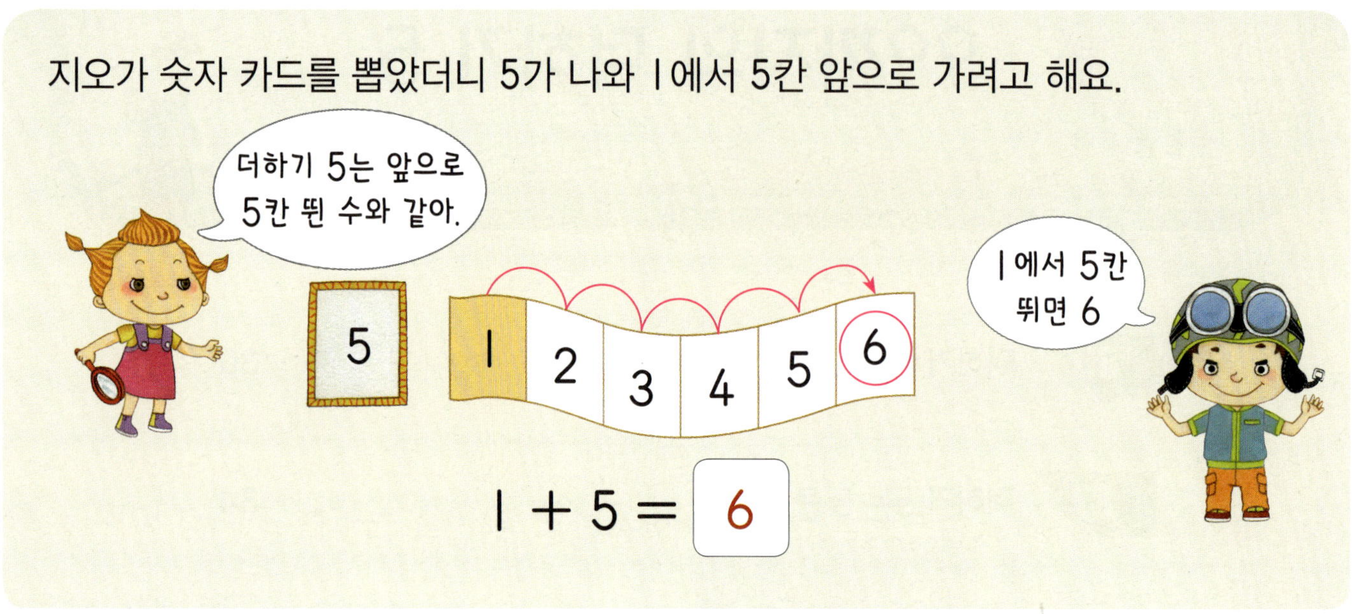

🌳 색칠된 수에서 5 뛴 수에 ◯표 하고, 덧셈을 하세요.

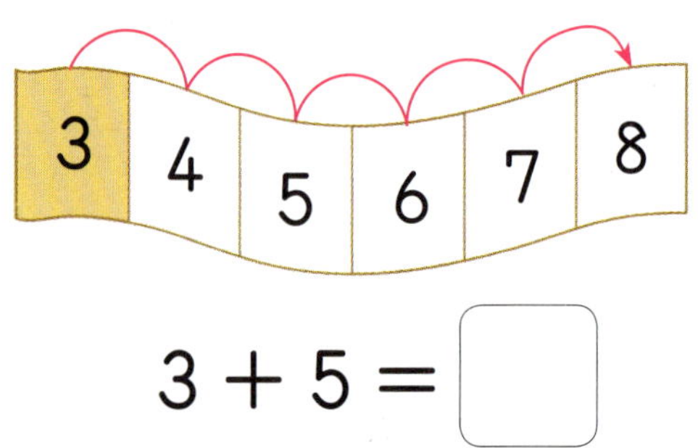

3 4 5 6 7 8

3 + 5 = ☐

12 13 14 15 16 17

12 + 5 = ☐

26 27 28 29 30 31

26 + 5 = ☐

35 36 37 38 39 40

35 + 5 = ☐

덧셈을 하세요.

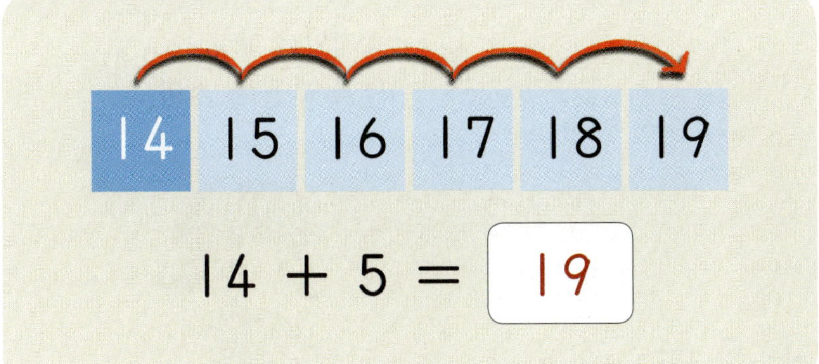

9 10 11 12 13 14

9 + 5 = ☐

20 21 22 23 24 25

20 + 5 = ☐

37 38 39 40 41 42

37 + 5 = ☐

41 42 43 44 45 46

41 + 5 = ☐

52 53 54 55 56 57

52 + 5 = ☐

65 66 67 68 69 70

65 + 5 = ☐

지오가 손가락을 이용해서 더하기 5를 공부하고 있어요.

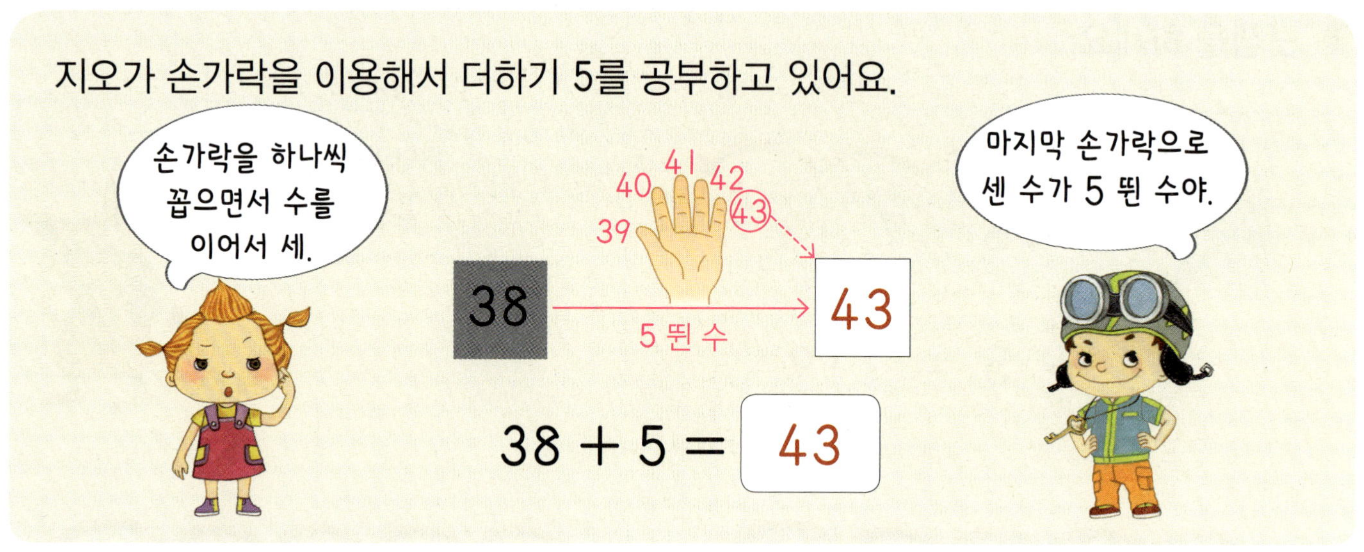

🌳 손가락을 이용하여 빈칸에 5 뛴 수를 쓰고, 덧셈을 하세요.

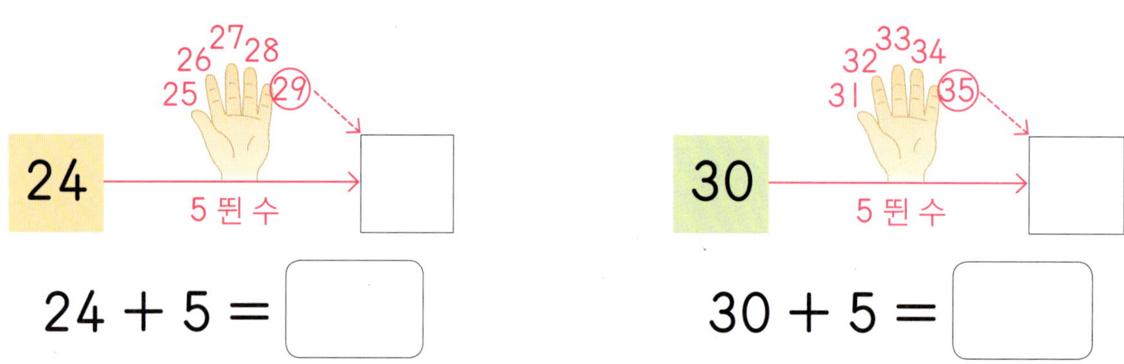

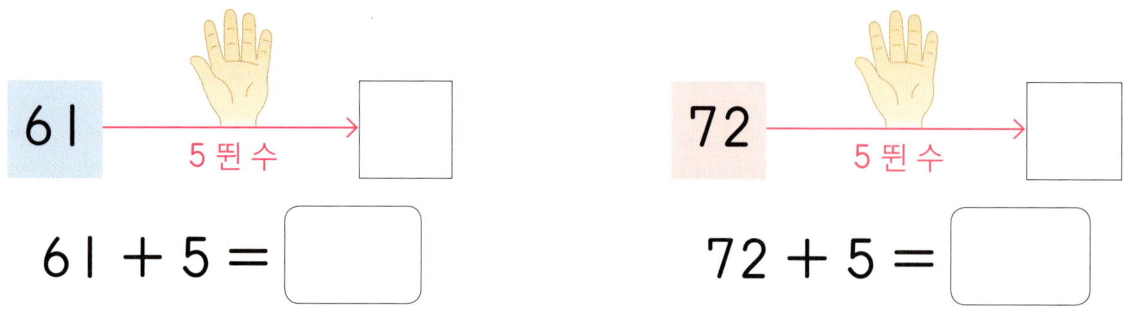

🌳 덧셈을 하세요.

$4 + 5 = \boxed{}$　　　　$11 + 5 = \boxed{}$

$22 + 5 = \boxed{}$　　　　$33 + 5 = \boxed{}$

$51 + 5 = \boxed{}$　　　　$65 + 5 = \boxed{}$

$80 + 5 = \boxed{}$　　　　$94 + 5 = \boxed{}$

더하기 5는 5 큰 수

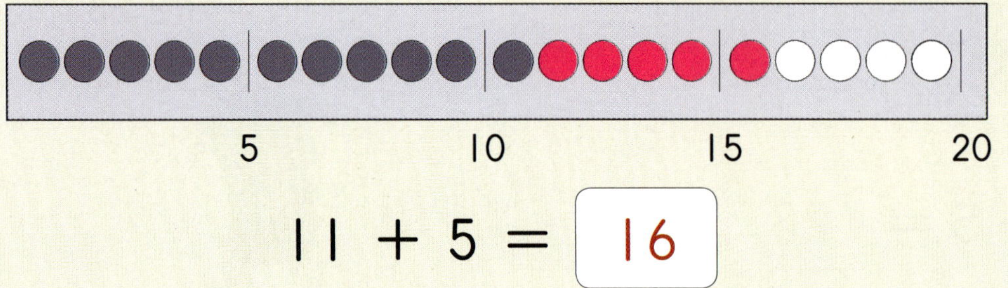

태경이가 5개를 더 색칠해 보면서 더하기 5를 공부하고 있어요.

$$11 + 5 = \boxed{16}$$

🌳 5개 더 색칠하고, 개수를 세어 덧셈을 하세요.

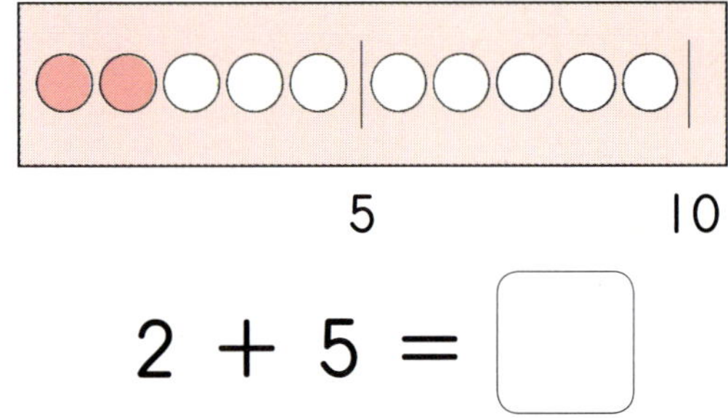

$$2 + 5 = \boxed{}$$

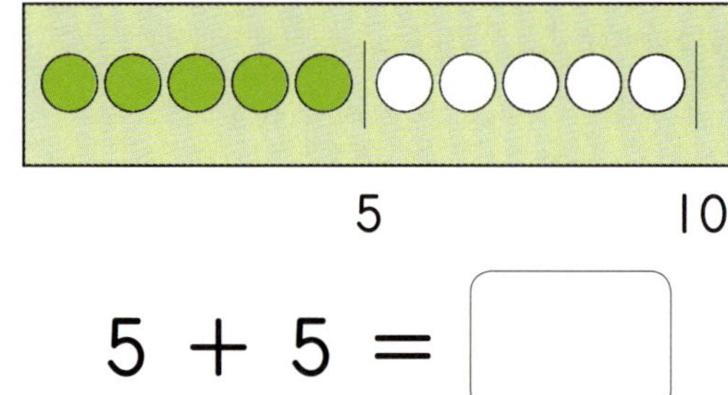

$$5 + 5 = \boxed{}$$

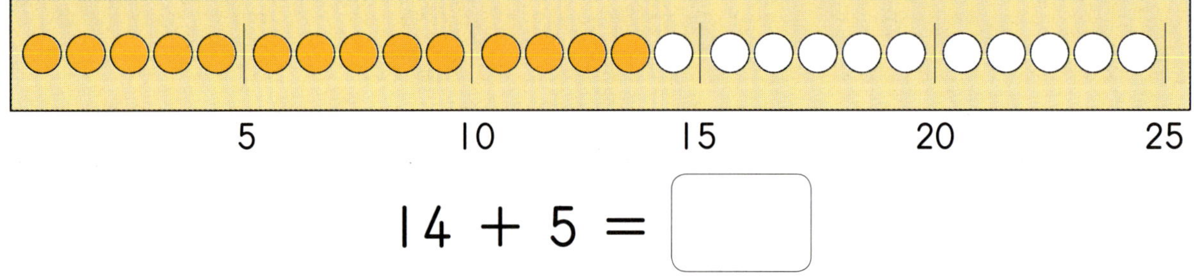

$$14 + 5 = \boxed{}$$

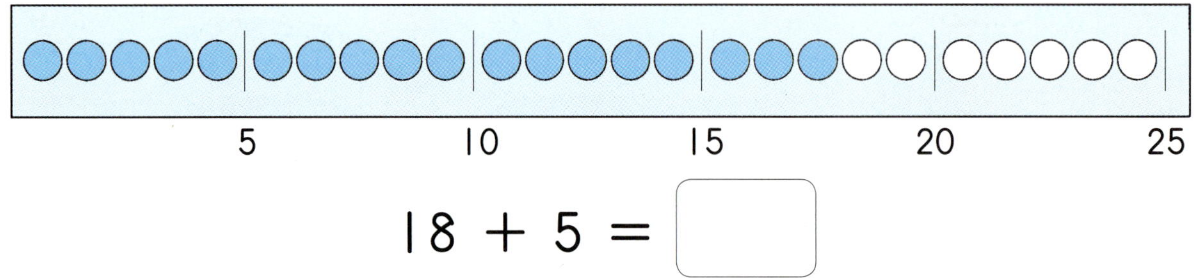

$$18 + 5 = \boxed{}$$

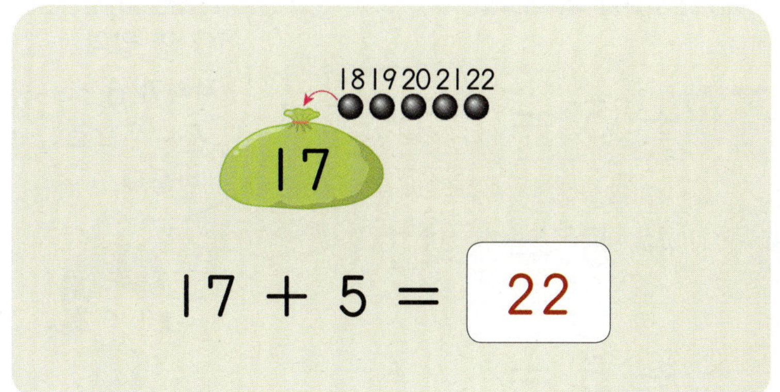

3 + 5 = ☐

12 + 5 = ☐

22 + 5 = ☐

36 + 5 = ☐

44 + 5 = ☐

81 + 5 = ☐

태경이는 수 배열표를 보고 더하기 5를 공부하려고 해요.

1	2	3	4	5
6	7	8	9	10
11	12	13	14	15
16	17	18	19	20

$1 + 5 = 6$

$6 + 5 = 11$

$11 + 5 = 16$

🌳 수 배열표를 보고, 덧셈을 하세요.

11	12	13	14	15
16	17	18	19	20
21	22	23	24	25
26	27	28	29	30

$13 + 5 = $

$18 + 5 = $

$23 + 5 = $

31	32	33	34	35
36	37	38	39	40
41	42	43	44	45
46	47	48	49	50

$35 + 5 = $

$40 + 5 = $

$45 + 5 = $

덧셈을 하세요.

31	32	33	34	35
36	37	38	39	40
41	42	43	44	45

$34 + 5 = $ **39**

$39 + 5 = $ **44**

11	12	13	14	15
16	17	18	19	20
21	22	23	24	25

$15 + 5 = $

$20 + 5 = $

46	47	48	49	50
51	52	53	54	55
56	57	58	59	60

$48 + 5 = $

$53 + 5 = $

66	67	68	69	70
71	72	73	74	75
76	77	78	79	80

$69 + 5 = $

$74 + 5 = $

바꾸어 더하기

지오가 동전을 이용하여 두 수를 바꾸어 더해 보았어요.

$3 + 5 = 8$

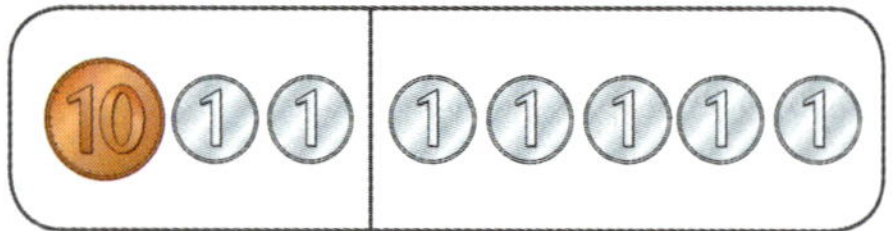

$5 + 3 = 8$

🌳 바꾸어 더해도 결과는 같아요. 덧셈을 하세요.

$12 + 5 = \boxed{}$

$5 + 12 = \boxed{}$

$23 + 5 = \boxed{}$

$5 + 23 = \boxed{}$

$30 + 5 = \boxed{}$

$5 + 30 = \boxed{}$

$$14 + 5 = \boxed{19}$$
$$5 + 14 = \boxed{19}$$

$$2 + 5 = \boxed{}$$
$$5 + 2 = \boxed{}$$

$$21 + 5 = \boxed{}$$
$$5 + 21 = \boxed{}$$

$$44 + 5 = \boxed{}$$
$$5 + 44 = \boxed{}$$

$$50 + 5 = \boxed{}$$
$$5 + 50 = \boxed{}$$

$$57 + 5 = \boxed{}$$
$$5 + 57 = \boxed{}$$

$$93 + 5 = \boxed{}$$
$$5 + 93 = \boxed{}$$

지오가 두 수를 바꾸어 더해 보았어요.

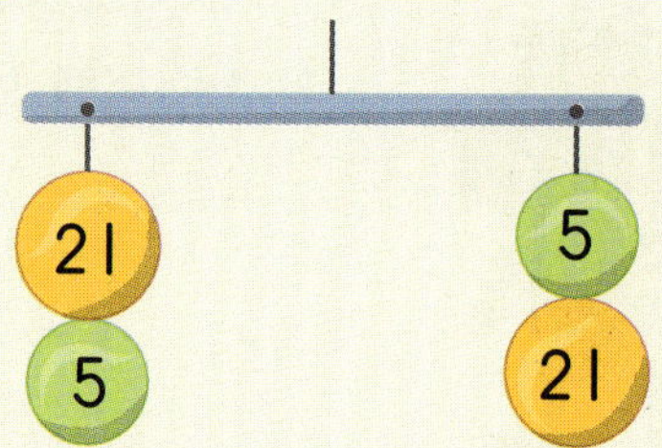

$$21 + 5 = \boxed{26}$$

$$5 + 21 = \boxed{26}$$

🌳 덧셈을 하세요.

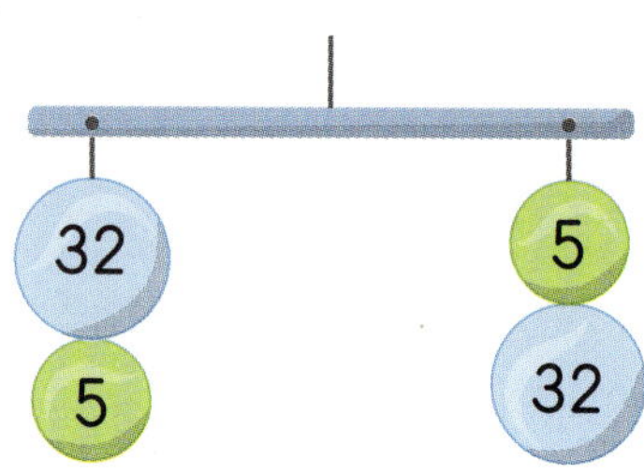

$$32 + 5 = \boxed{}$$

$$5 + 32 = \boxed{}$$

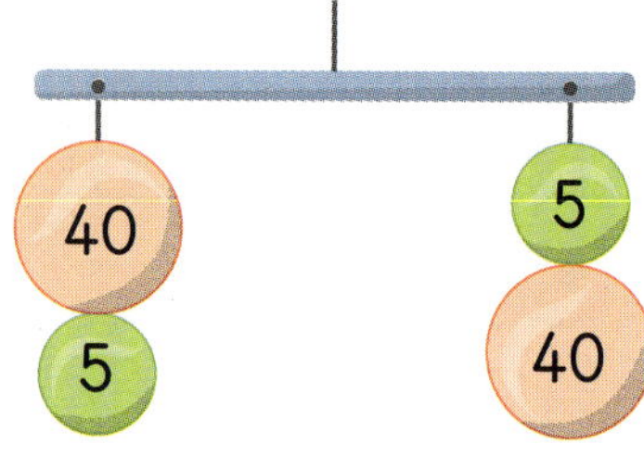

$$40 + 5 = \boxed{}$$

$$5 + 40 = \boxed{}$$

$$53 + 5 = \boxed{}$$

$$5 + 53 = \boxed{}$$

$5 + 12 = \boxed{17}$

$12 + 5 = \boxed{17}$

$5 + 15 = \boxed{}$

$15 + 5 = \boxed{}$

$5 + 22 = \boxed{}$

$22 + 5 = \boxed{}$

$5 + 30 = \boxed{}$

$30 + 5 = \boxed{}$

$5 + 43 = \boxed{}$

$43 + 5 = \boxed{}$

$5 + 54 = \boxed{}$

$54 + 5 = \boxed{}$

$5 + 71 = \boxed{}$

$71 + 5 = \boxed{}$

공부한 날

월

일

□가 있는 더하기 5

태경이가 손가락을 이용해서 □가 있는 더하기 5를 공부하고 있어요.

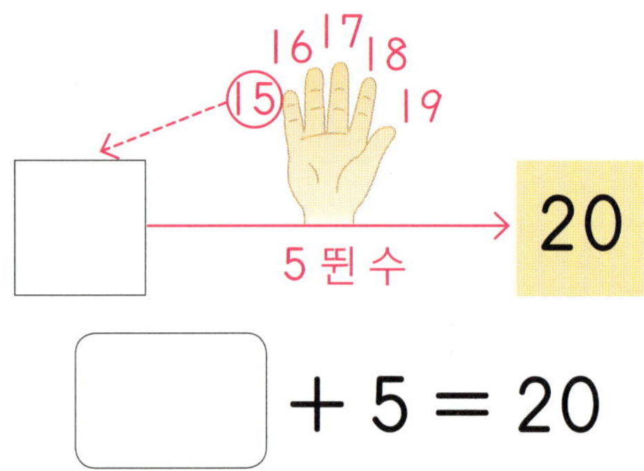

🌳 빈칸에 알맞은 수를 쓰세요.

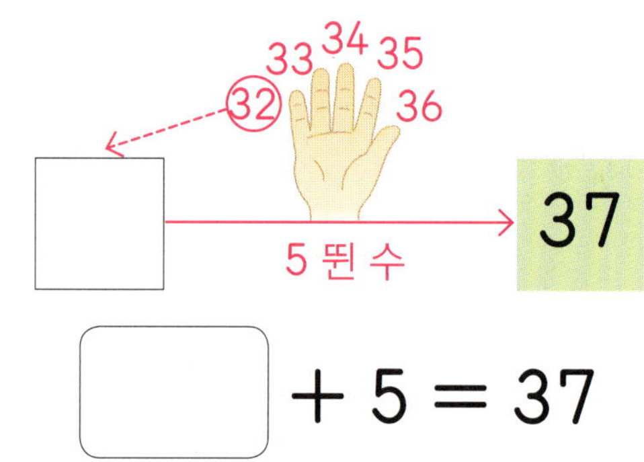

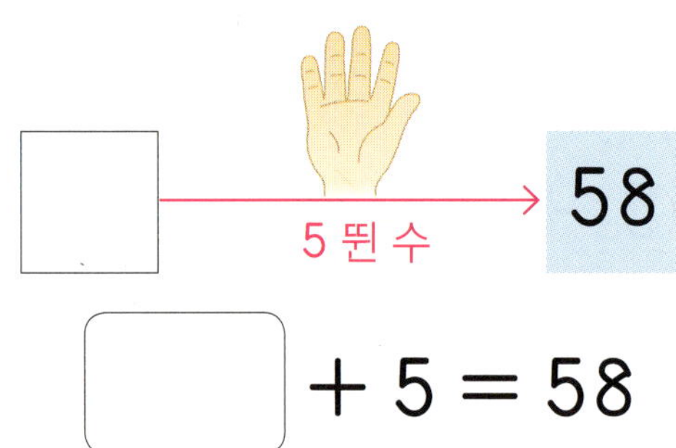

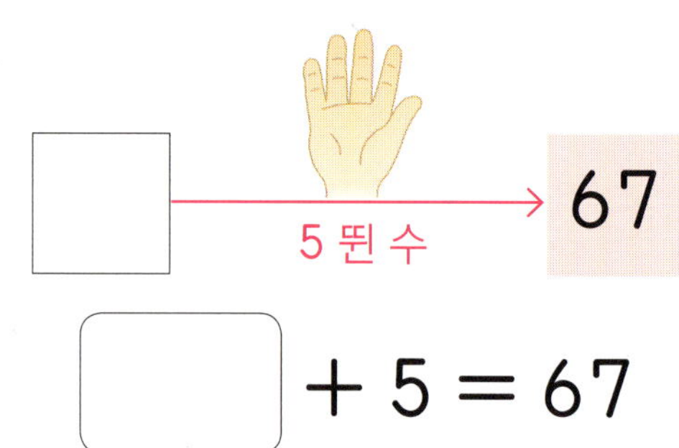

● ☐ 안에 알맞은 수를 쓰세요.

$\boxed{13} + 5 = 18$

$\boxed{} + 5 = 9$

$\boxed{} + 5 = 27$

$\boxed{} + 5 = 38$

$\boxed{} + 5 = 46$

$\boxed{} + 5 = 55$

$\boxed{} + 5 = 64$

$\boxed{} + 5 = 70$

$\boxed{} + 5 = 93$

지오가 두 수를 바꾸어 더해도 답이 같다는 것을 이용해 다음과 같이 썼어요.

$$\boxed{34} + 5 = 39$$
$$5 + \boxed{34} = 39$$

● ☐ 안에 알맞은 수를 쓰세요.

$$\boxed{} + 5 = 15$$
$$5 + \boxed{} = 15$$

$$\boxed{} + 5 = 26$$
$$5 + \boxed{} = 26$$

$$\boxed{} + 5 = 28$$
$$5 + \boxed{} = 28$$

$$\boxed{} + 5 = 49$$
$$5 + \boxed{} = 49$$

$$\boxed{} + 5 = 50$$
$$5 + \boxed{} = 50$$

$$\boxed{} + 5 = 77$$
$$5 + \boxed{} = 77$$

🌱 ☐ 안에 알맞은 수를 쓰세요.

$$5 + \boxed{22} = 27$$
$$\boxed{22} + 5 = 27$$

$5 + \boxed{} = 8$ $5 + \boxed{} = 25$

$5 + \boxed{} = 37$ $5 + \boxed{} = 46$

$5 + \boxed{} = 50$ $5 + \boxed{} = 69$

$5 + \boxed{} = 99$ $5 + \boxed{} = 87$

90 두 번 더하기

8에서 5씩 두 번 뛰어 세어 보려고 해요.

1	2	3	4	5	6	7	8	9	10
11	12	13	14	15	16	17	18	19	20

$$8 + 5 = \boxed{13} \qquad 13 + 5 = \boxed{18}$$

🌳 덧셈을 하세요.

21	22	23	24	25	26	27	28	29	30
31	32	33	34	35	36	37	38	39	40

$$22 + 5 = \boxed{} \qquad 27 + 5 = \boxed{}$$

51	52	53	54	55	56	57	58	59	60
61	62	63	64	65	66	67	68	69	70

$$54 + 5 = \boxed{} \qquad 59 + 5 = \boxed{}$$

$19 + 5 =$ **24**
$24 + 5 =$ **29**

$2 + 5 =$
$7 + 5 =$

$25 + 5 =$
$30 + 5 =$

$48 + 5 =$
$53 + 5 =$

$52 + 5 =$
$57 + 5 =$

$61 + 5 =$
$66 + 5 =$

$88 + 5 =$
$93 + 5 =$

지오가 더하기 5를 한 수를 찾는 문제를 풀어보려고 해요.

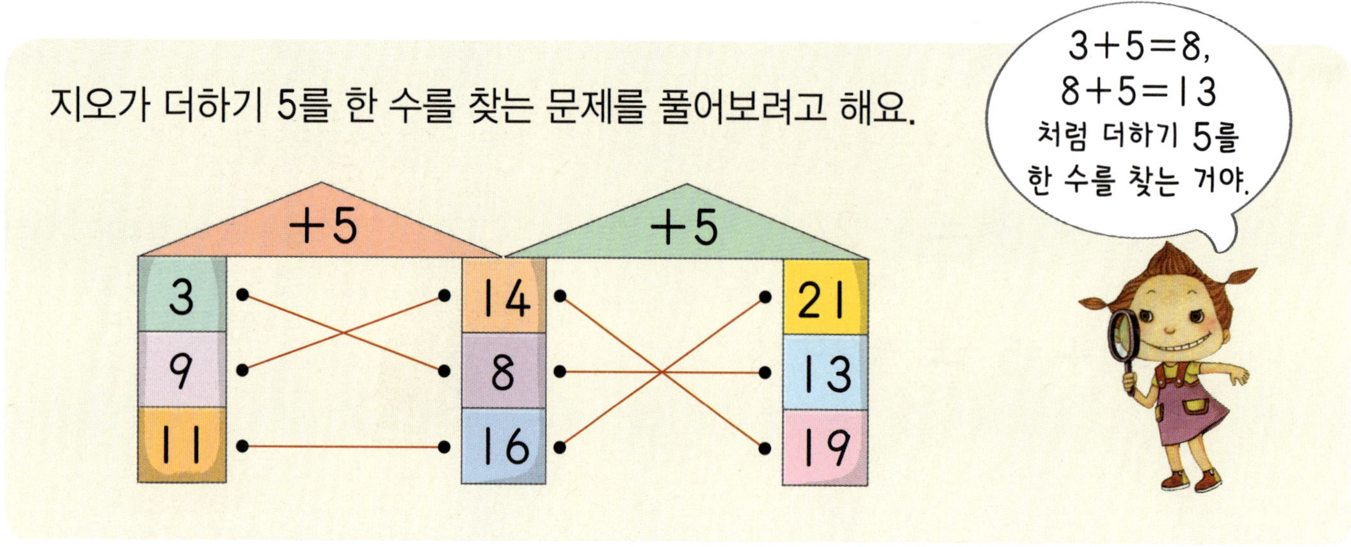

🌳 더하기 5를 한 수를 찾아 선을 그으세요.

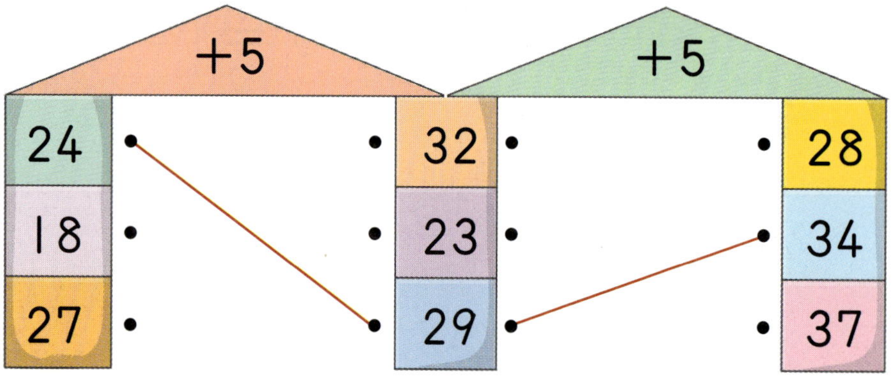

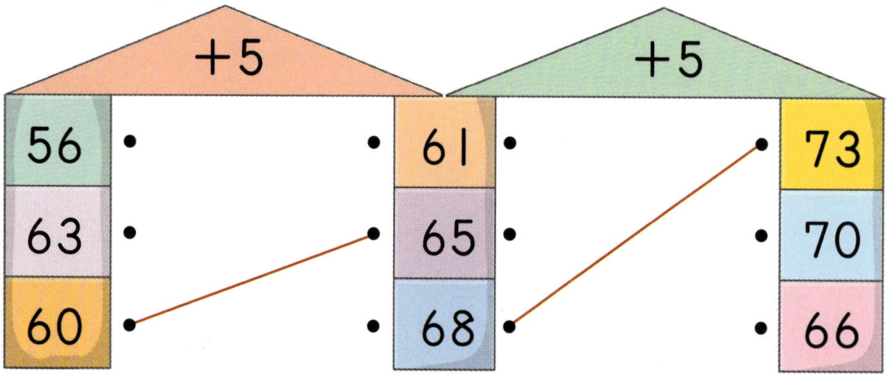

빈칸에 알맞은 수를 쓰세요.

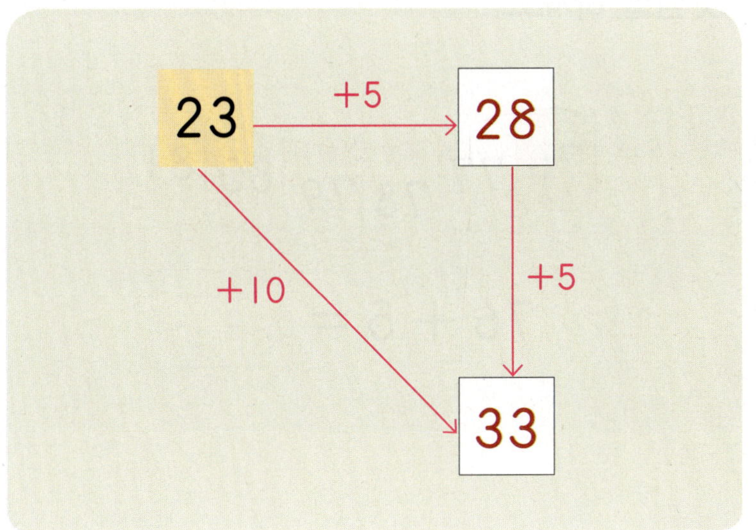

23
+5
28
+10
+5
33

더하기 5를
두 번 하면 더하기
10이야.

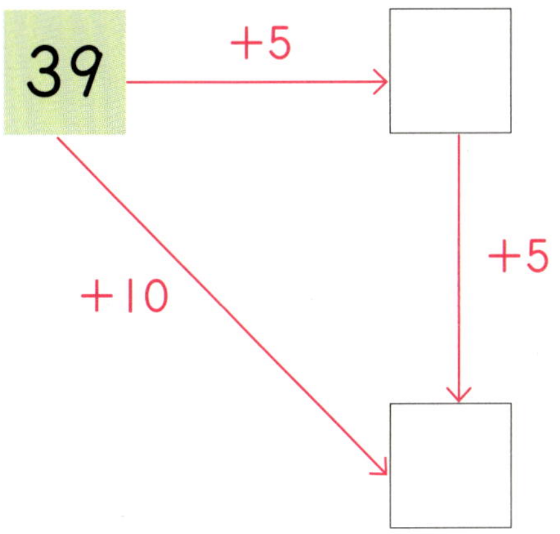

39
+5
+10
+5

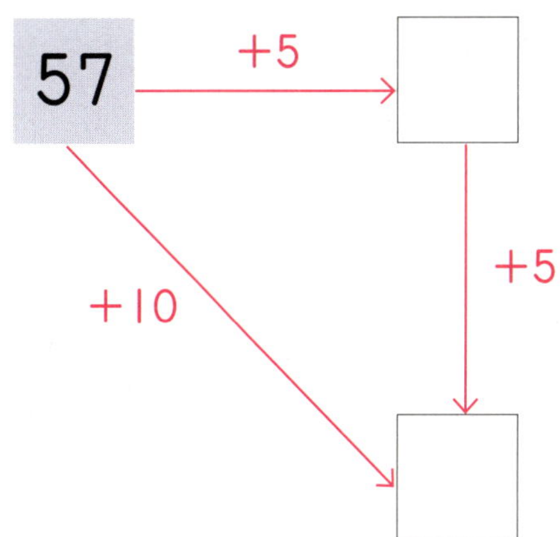

57
+5
+10
+5

공부한 날
월
일

참 잘했어요

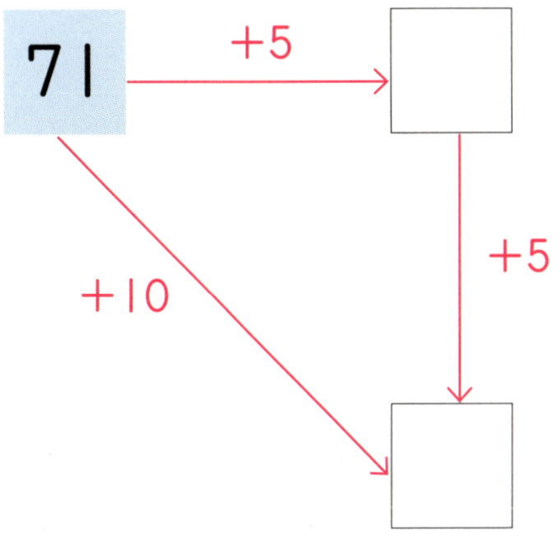

71
+5
+10
+5

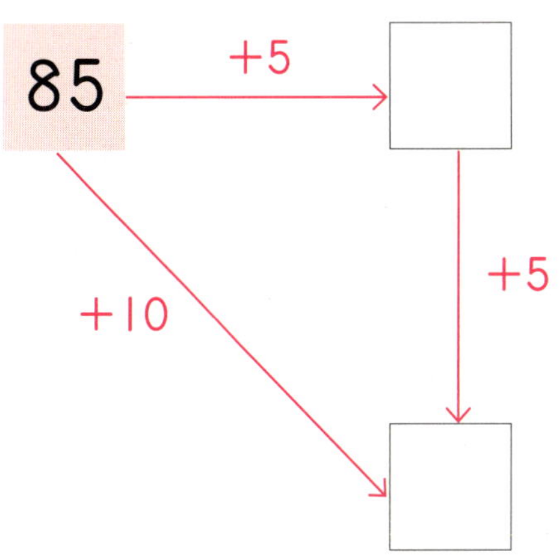

85
+5
+10
+5

🌲 색칠된 수에서 5 뛴 수에 ◯표 하고, 덧셈을 하세요.

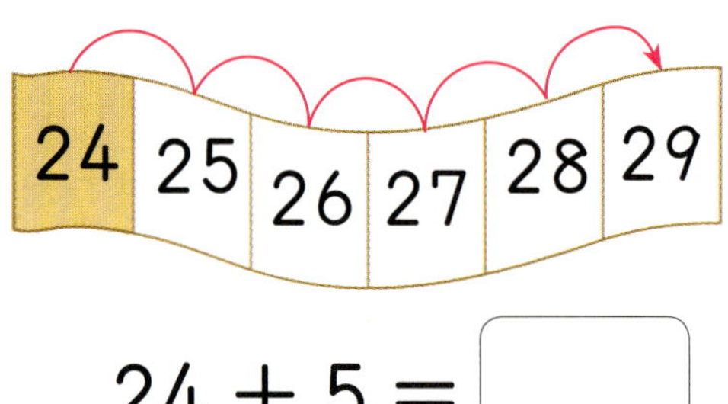

$$24 + 5 = \boxed{}$$

$$76 + 5 = \boxed{}$$

🌲 손가락을 이용하여 빈칸에 5 뛴 수를 쓰고, 덧셈을 하세요.

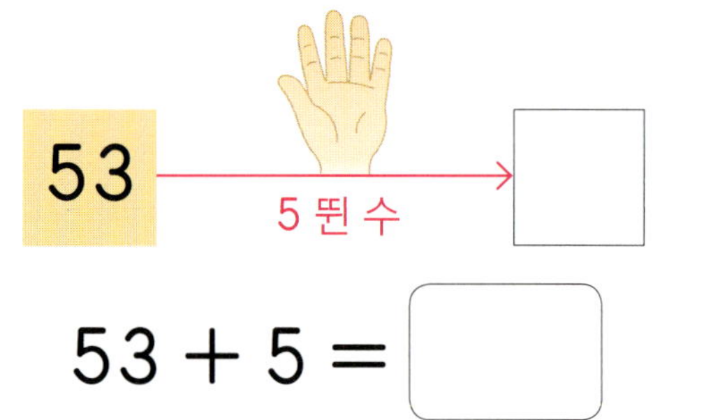

$$53 + 5 = \boxed{}$$

$$49 + 5 = \boxed{}$$

🌲 덧셈을 하세요.

$$2 + 5 = \boxed{} \qquad 14 + 5 = \boxed{}$$

$$81 + 5 = \boxed{} \qquad 75 + 5 = \boxed{}$$

🌲 수 배열표를 보고, 덧셈을 하세요.

21	22	23	24	25
26	27	28	29	30
31	32	33	34	35

$23 + 5 = \boxed{}$

$28 + 5 = \boxed{}$

🌲 덧셈을 하세요.

$34 + 5 = \boxed{}$

$5 + 34 = \boxed{}$

$92 + 5 = \boxed{}$

$5 + 92 = \boxed{}$

🌲 빈칸에 알맞은 수를 쓰세요.

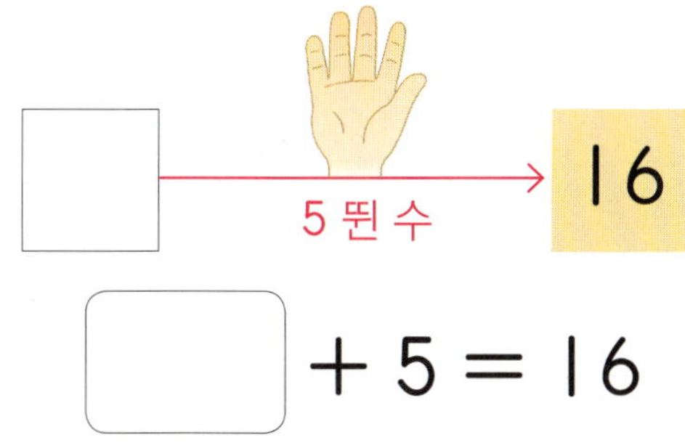

$\boxed{} + 5 = 16$

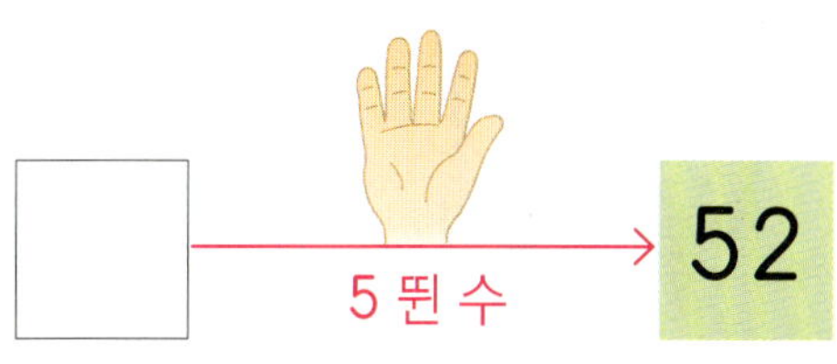

$\boxed{} + 5 = 52$

🌲 ⬚ 안에 알맞은 수를 쓰세요.

$\boxed{} + 5 = 57$

$5 + \boxed{} = 57$

$\boxed{} + 5 = 88$

$5 + \boxed{} = 88$

연산력 게임

QR코드를 찍으면 다양한 연산 게임을 할 수 있어요.

칙칙폭폭 덧셈 기차

기차에 써 있는 두 수의 덧셈을 해 보세요.

기차에 써 있는 두 수의 덧셈 결과를 아래의 세 기관차 중에서 찾아 빈 곳에 넣으세요.

46을 넣으면 정답입니다.

당근에 써 있는 두 수의 덧셈을 해 보세요.

당근밭에 써 있는 두 수의 덧셈 결과를 아래의 세 당근 중에서 찾아 빈 곳에 넣으세요.

16을 넣으면 정답입니다.

토끼의 식사 시간

99까지의 빼기 10

91 빼기 10은 거꾸로 10 뛴 수 ·················· 54

92 빼기 10은 10 작은 수 ·················· 58

93 □가 있는 빼기 10 ·················· 62

94 더하기 10과 빼기 10 ·················· 66

95 ＋와 － ·················· 70

무엇을 배웠을까요 ·················· 74

▶ 연산 보충 학습(106~107쪽)에서 더 풀어 보세요.

학부모 지도 가이드

이번 차시에는 빼기 10을 공부합니다. 이 책의 앞에서 더하기 10을 배웠어요. 이번 차시에서 배울 빼기 10은 더하기 10의 반대 개념이므로 이 차시를 공부하기 전에 더하기 10을 바르게 알고 있는지 한 번 더 확인하고 시작하는 것이 좋습니다. 덧셈과 마찬가지로 뺄셈도 수 배열표를 이용하여 빼기 10을 하면 낱개의 수는 변하지 않고 10개씩 묶음 수만 1 작아진다는 것을 스스로 알 수 있도록 지도해 주세요.

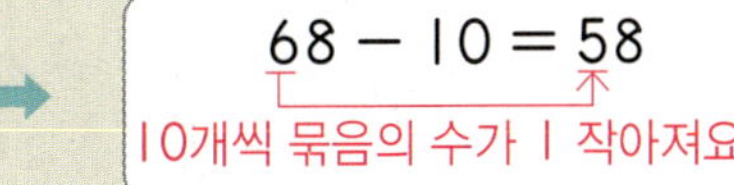

빼기 10은 거꾸로 10 뛴 수

주차장에 있는 빈 곳의 번호를 알아보려고 해요.

수 배열표의 빈 곳에 알맞은 수를 쓰고, 뺄셈을 하세요.

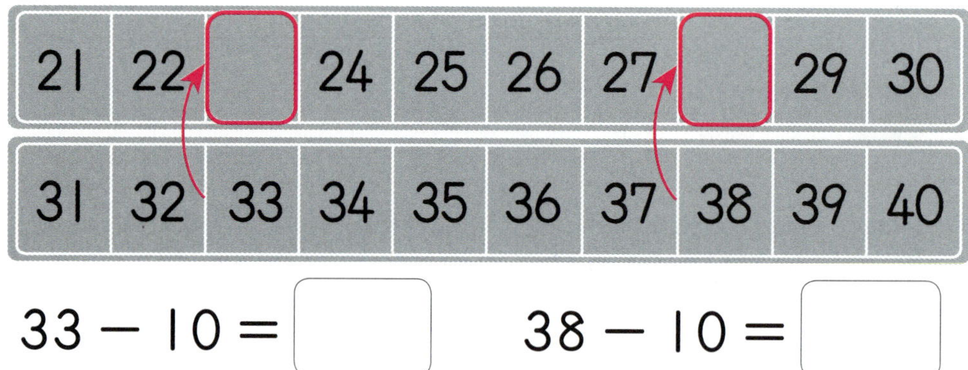

33 − 10 = ☐   38 − 10 = ☐

74 − 10 = ☐   80 − 10 = ☐

🌳 수 배열표의 빈 곳에 알맞은 수를 쓰고, 뺄셈을 하세요.

11	12	13	14	15	16	17	18	19	20
21	22	23	24	25	26	27	28	29	30

22 − 10 = ☐ 12

21	22	23	24	25		27		29	30
31	32	33	34	35	36	37	38	39	40

36 − 10 = ☐   38 − 10 = ☐

51	52		54	55	56	57	58	59	60
61	62	63		65	66		68	69	
71	72	73	74	75	76	77	78	79	80

63 − 10 = ☐   74 − 10 = ☐

77 − 10 = ☐   80 − 10 = ☐

지오와 태경이가 거꾸로 10 뛴 수를 찾아 빼기 10을 공부하고 있어요.

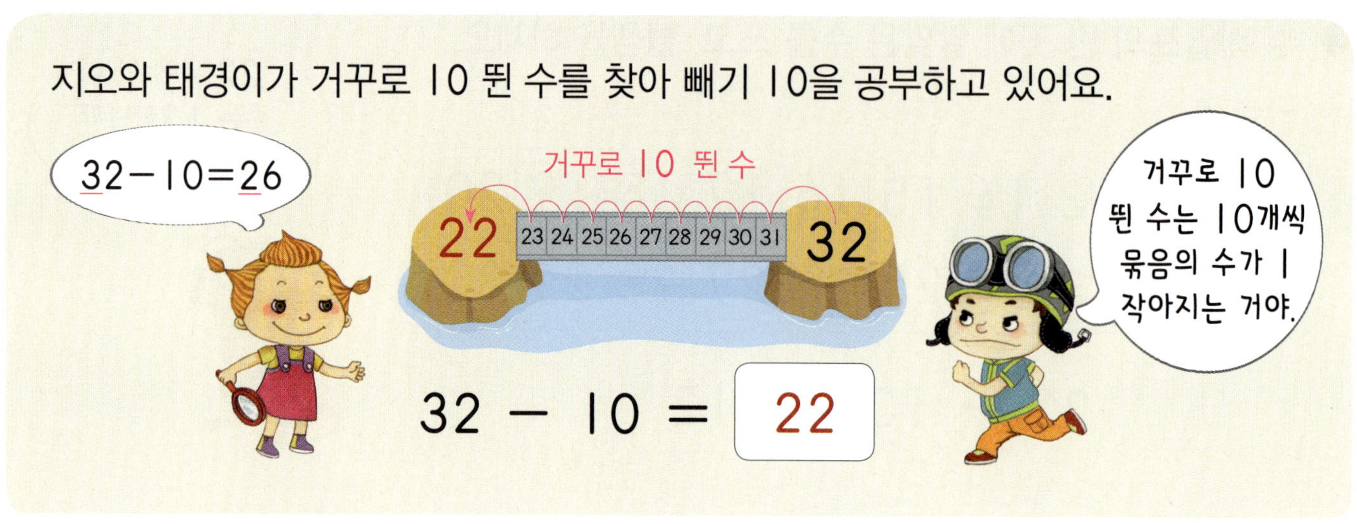

🌳 비어 있는 🪨 에 거꾸로 10 뛴 수를 쓰고, 뺄셈을 하세요.

19 − 10 = ☐

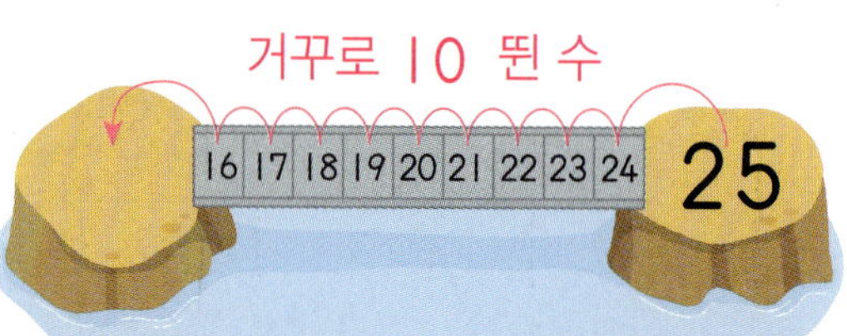

25 − 10 = ☐

47 − 10 = ☐

53 − 10 = ☐

66 − 10 = ☐

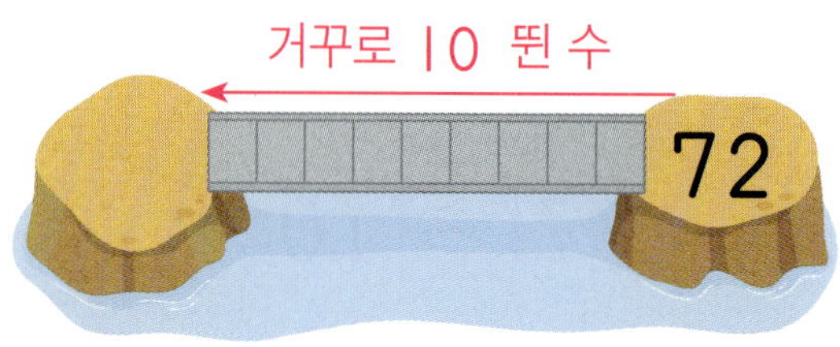

72 − 10 = ☐

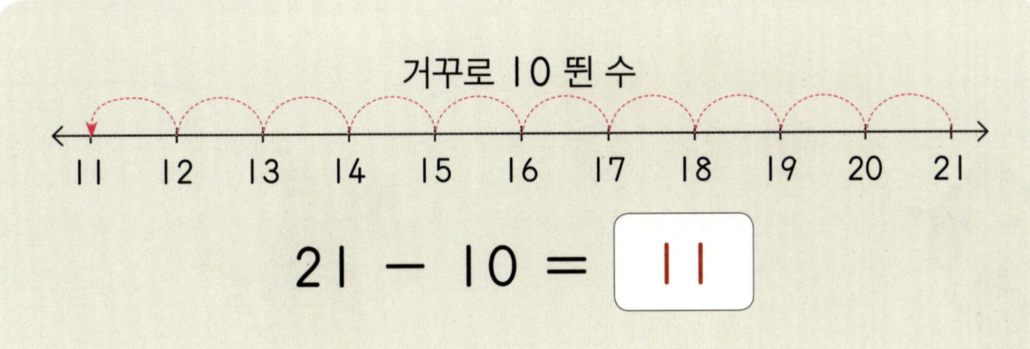

15 − 10 = ☐ 29 − 10 = ☐

45 − 10 = ☐ 58 − 10 = ☐

74 − 10 = ☐ 36 − 10 = ☐

98 − 10 = ☐ 81 − 10 = ☐

빼기 10은 10 작은 수

🌳 그림을 보고 뺄셈을 하세요.

18 − 10 =

26 − 10 =

34 − 10 =

43 − 10 =

27 − 10 = ☐

56 − 10 = ☐

44 − 10 = ☐

61 − 10 = ☐

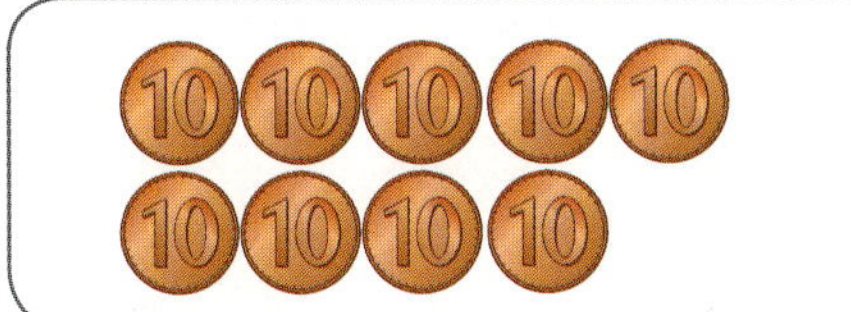

90 − 10 = ☐

75 − 10 = ☐

울타리에 쓰여 있는 수를 보고 10 작은 수를 알아보려고 해요.

$$32 - 10 = \boxed{22}$$

🌳 ☐ 안에 알맞은 수를 쓰세요.

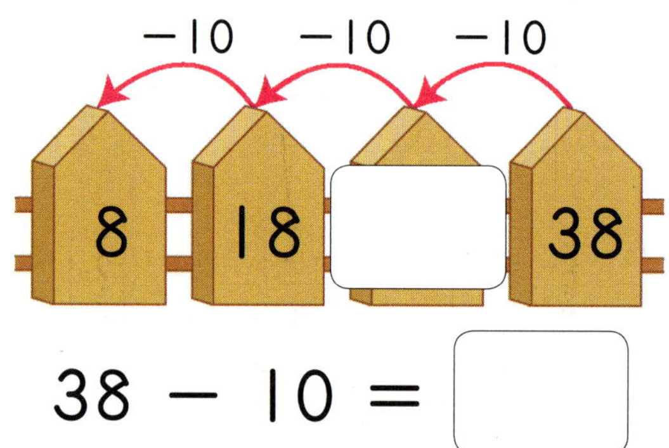

$$38 - 10 = \boxed{}$$

$$33 - 10 = \boxed{}$$

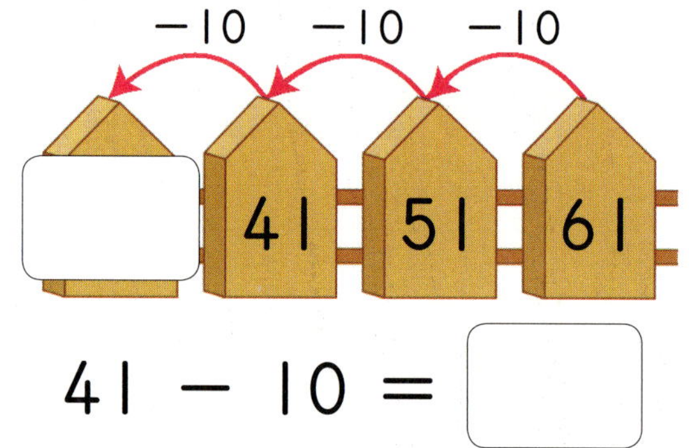

$$41 - 10 = \boxed{}$$

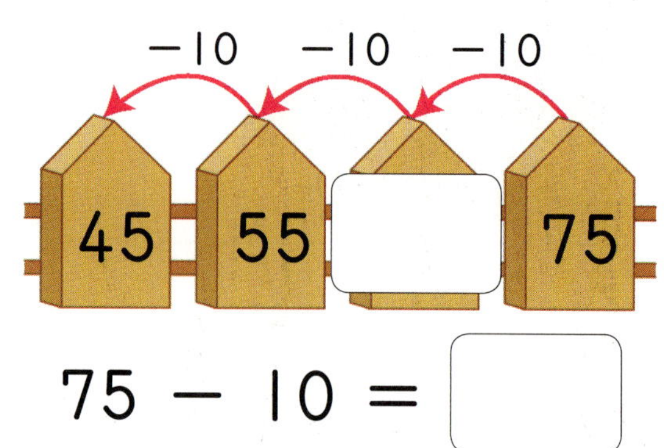

$$75 - 10 = \boxed{}$$

낱개의 수는 변하지 않아요.

$$47 - 10 = \boxed{37}$$

10개씩 묶음의 수는 1 작아져요.

$$35 - 10 = \boxed{}$$

$$24 - 10 = \boxed{}$$

$$44 - 10 = \boxed{}$$

$$60 - 10 = \boxed{}$$

$$59 - 10 = \boxed{}$$

$$71 - 10 = \boxed{}$$

$$88 - 10 = \boxed{}$$

$$99 - 10 = \boxed{}$$

공부한 날

월

일

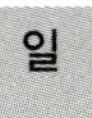

□가 있는 빼기 10

🌱 빈칸에 알맞은 수를 쓰세요.

1	2	3	4	5	6	7	8	9	10
	12	13	14	15	16		18	19	20

$$\boxed{} - 10 = 1 \qquad \boxed{} - 10 = 7$$

41	42	43	44	45	46	47	48	49	50
51	52		54	55		57	58	59	60

$$\boxed{} - 10 = 43 \qquad \boxed{} - 10 = 46$$

🌳 ☐ 안에 알맞은 수를 쓰세요.

$$\boxed{38} - 10 = 28$$

10개씩 묶음의 수만 변해요.

☐ $- 10 = 9$ ☐ $- 10 = 31$

☐ $- 10 = 10$ ☐ $- 10 = 29$

☐ $- 10 = 57$ ☐ $- 10 = 74$

☐ $- 10 = 45$ ☐ $- 10 = 89$

지갑에서 10원짜리 동전을 하나 꺼냈어요.

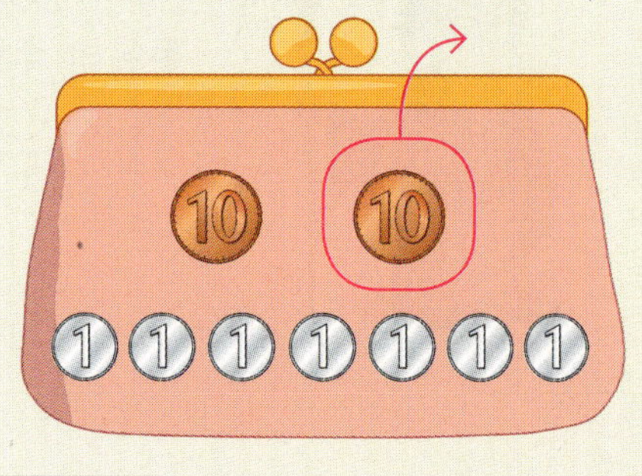

$$27 - 10 = 17$$

🌳 그림을 보고 ◯ 안에 알맞은 수를 쓰세요.

$$\boxed{} - 10 = 37$$

$$\boxed{} - 10 = 42$$

$$\boxed{} - 10 = 26$$

$$\boxed{} - 10 = 60$$

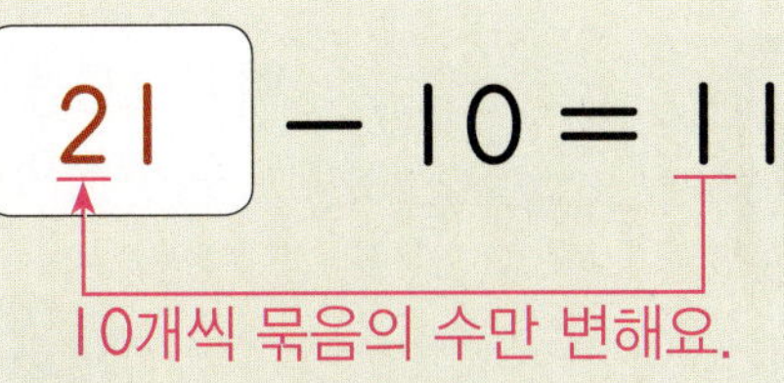

□ − 10 = 5

□ − 10 = 26

□ − 10 = 18

□ − 10 = 40

□ − 10 = 67

□ − 10 = 79

□ − 10 = 84

□ − 10 = 32

공부한 날

월

일

더하기 10과 빼기 10

지오와 태경이가 수 카드로 덧셈식과 뺄셈식을 만들고 있어요.

13	23

13 + 10 = 23

23 − 10 = 13

🌳 올바른 식이 되도록 수 카드에 적힌 수를 ☐ 안에 알맞게 쓰세요.

28 38

☐ + 10 = ☐

☐ − 10 = ☐

52 62

☐ + 10 = ☐

☐ − 10 = ☐

72 82

☐ + 10 = ☐

☐ − 10 = ☐

40 50

☐ + 10 = ☐

☐ − 10 = ☐

$$14 + 10 = \boxed{24}$$

$$\boxed{24} - 10 = 14$$

$$2 + 10 = \boxed{}$$

$$\boxed{} - 10 = 2$$

$$20 + 10 = \boxed{}$$

$$\boxed{} - 10 = 20$$

$$39 + 10 = \boxed{}$$

$$\boxed{} - 10 = 39$$

$$51 + 10 = \boxed{}$$

$$\boxed{} - 10 = 51$$

$$85 + 10 = \boxed{}$$

$$\boxed{} - 10 = 85$$

$$77 + 10 = \boxed{}$$

$$\boxed{} - 10 = 77$$

태경이가 덧셈을 2가지 방법으로 계산해 보았어요.

$4 + 10 = \boxed{14}$

$$\begin{array}{r} 4 \\ +\ 10 \\ \hline \boxed{14} \end{array}$$

🌳 덧셈과 뺄셈을 하세요.

$13 + 10 = \boxed{}$

$$\begin{array}{r} 13 \\ +\ 10 \\ \hline \boxed{} \end{array}$$

$48 - 10 = \boxed{}$

$$\begin{array}{r} 48 \\ -\ 10 \\ \hline \boxed{} \end{array}$$

$70 - 10 = \boxed{}$

$$\begin{array}{r} 70 \\ -\ 10 \\ \hline \boxed{} \end{array}$$

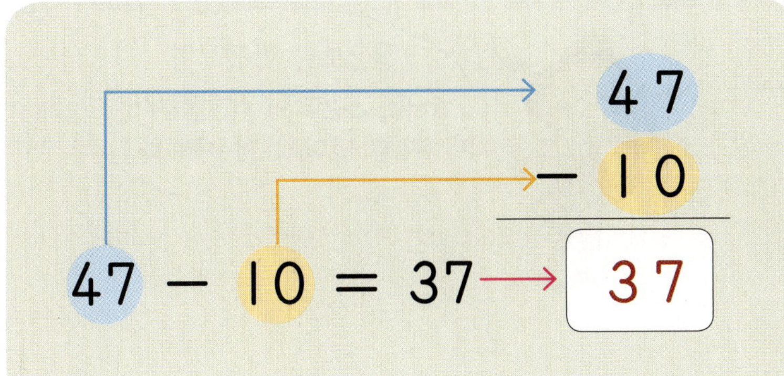

$$47 - 10 = 37 \longrightarrow 37$$

9	20	76
$+\,10$	$-\,10$	$+\,10$

89	36	43
$+\,10$	$+\,10$	$-\,10$

91	66	82
$-\,10$	$+\,10$	$-\,10$

＋와 －

32와 10 사이에 ＋ 또는 －를 넣어 42가 되게 하려고 해요.

🌳 올바른 식이 되도록 빈 곳에 ＋ 또는 －를 쓰세요.

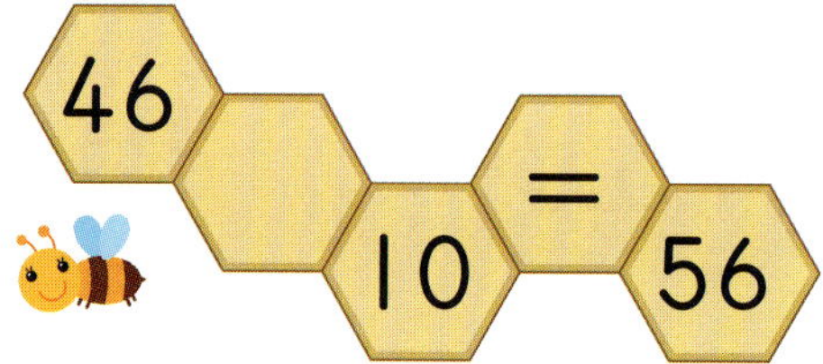

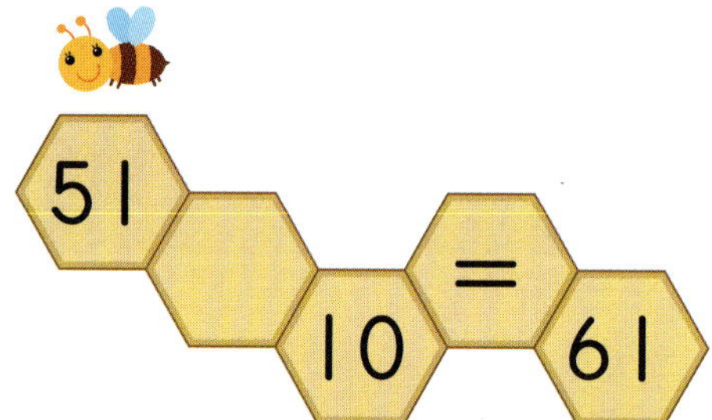

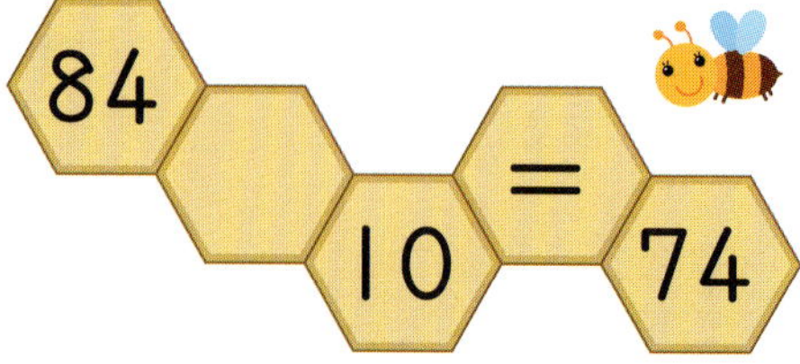

$$20 \;\boxed{+}\; 10 = 30$$

커졌어요.

$$25 \;\bigcirc\; 10 = 35 \qquad 36 \;\bigcirc\; 10 = 26$$

$$51 \;\bigcirc\; 10 = 41 \qquad 58 \;\bigcirc\; 10 = 68$$

$$47 \;\bigcirc\; 10 = 57 \qquad 89 \;\bigcirc\; 10 = 79$$

$$84 \;\bigcirc\; 10 = 94 \qquad 70 \;\bigcirc\; 10 = 60$$

3Ⅰ과 ⅠⅠ이 2Ⅰ이 되기 위해 필요한 것을 찾아 선으로 연결하였어요.

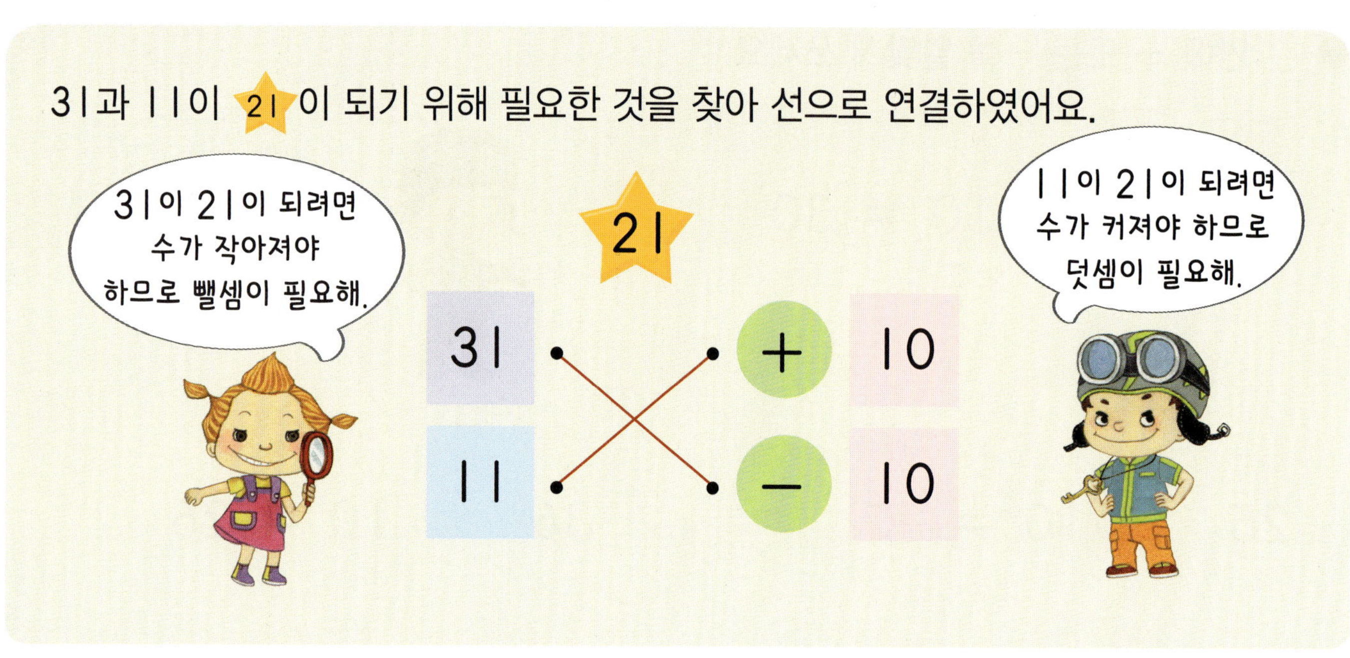

덧셈과 뺄셈을 하여 ⭐ 안의 수가 되도록 선을 이으세요.

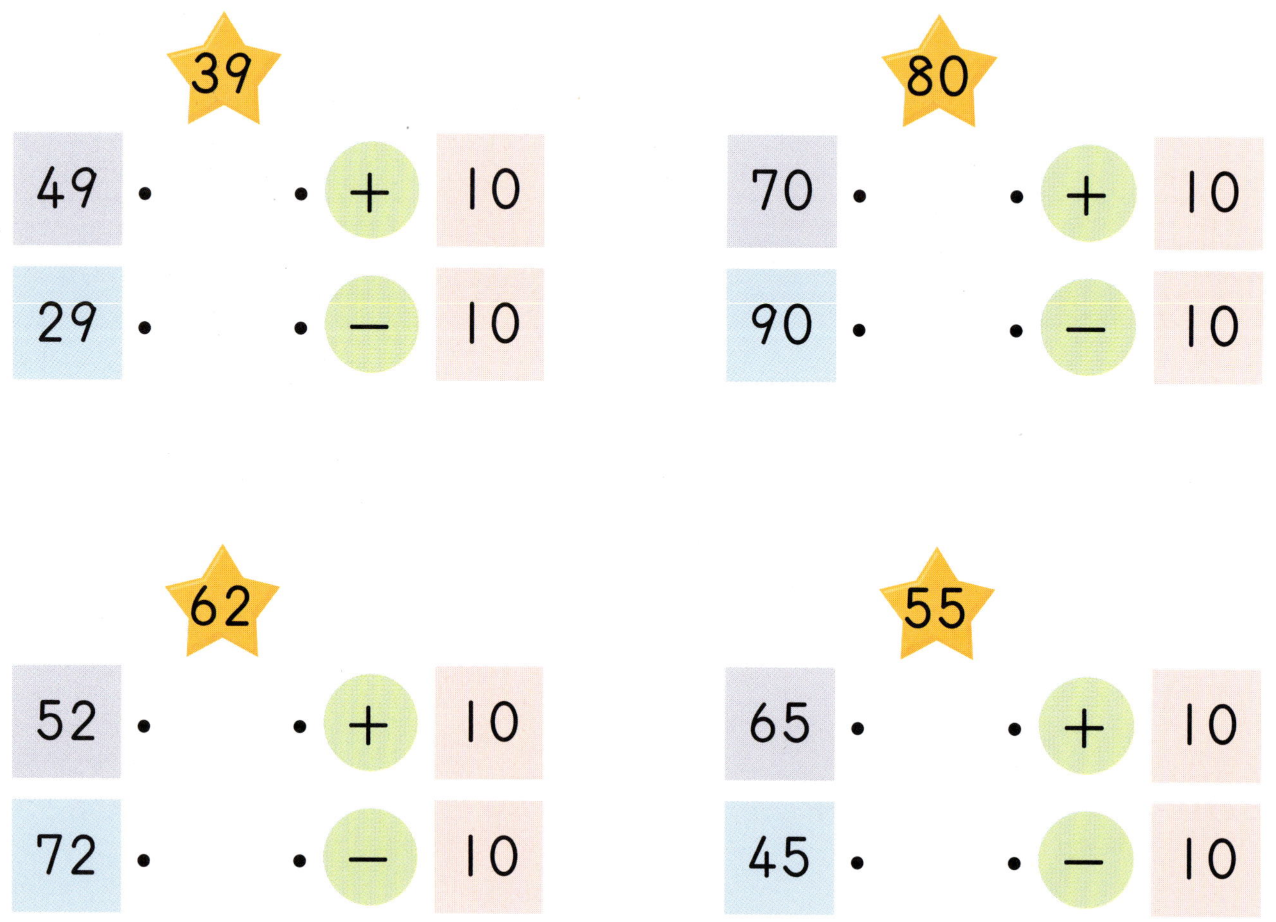

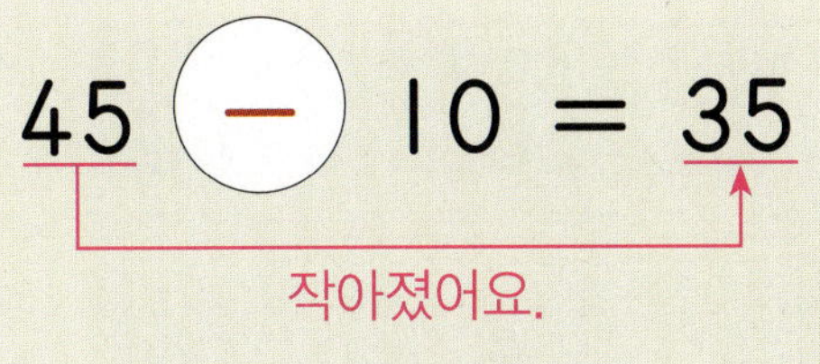

$$29\ \bigcirc\ 10 = 19 \qquad 20\ \bigcirc\ 10 = 10$$

$$36\ \bigcirc\ 10 = 46 \qquad 67\ \bigcirc\ 10 = 77$$

$$81\ \bigcirc\ 10 = 71 \qquad 79\ \bigcirc\ 10 = 89$$

$$73\ \bigcirc\ 10 = 83 \qquad 68\ \bigcirc\ 10 = 58$$

🌲 수 배열표의 빈 곳에 알맞은 수를 쓰고, 뺄셈을 하세요.

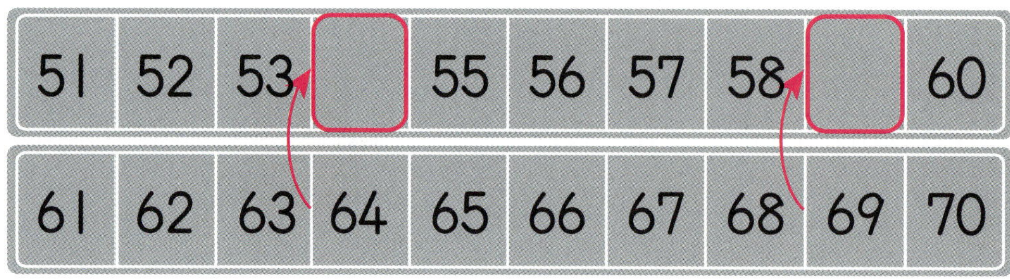

$$64 - 10 = \boxed{} \qquad 69 - 10 = \boxed{}$$

🌲 비어 있는 🪵 에 거꾸로 10 뛴 수를 쓰고, 뺄셈을 하세요.

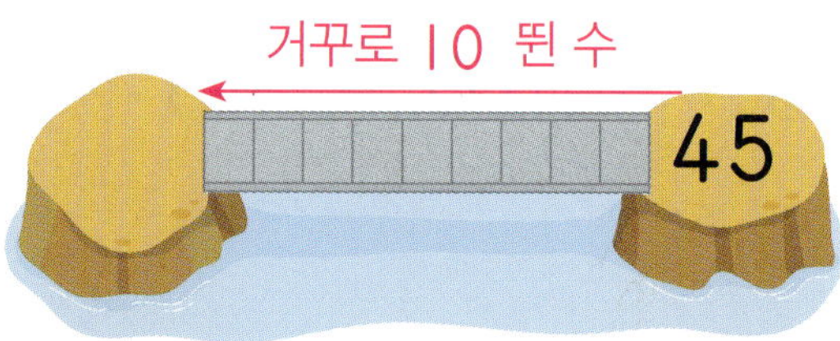

$$80 - 10 = \boxed{} \qquad 45 - 10 = \boxed{}$$

🌲 뺄셈을 하세요.

$$36 - 10 = \boxed{} \qquad 72 - 10 = \boxed{}$$

🔺 뺄셈을 하세요.

33 − 10 = ☐   74 − 10 = ☐

95 − 10 = ☐   62 − 10 = ☐

🔺 빈칸에 알맞은 수를 쓰세요.

71	72	73	74	75	76	77	78	79	80
81	82	83	84		86	87	88	89	

☐ − 10 = 75   ☐ − 10 = 80

🔺 올바른 식이 되도록 수 카드에 적힌 수를 ☐ 안에 알맞게 쓰세요.

46   56

☐ + 10 = ☐

☐ − 10 = ☐

🔺 덧셈과 뺄셈을 하세요.

```
    2          37          85
+  10       −  10       −  10
-----       -----       -----
  ☐           ☐           ☐
```

연산력 게임

QR코드를 찍으면 다양한 연산 게임을 할 수 있어요.

우리는 완두콩 가족

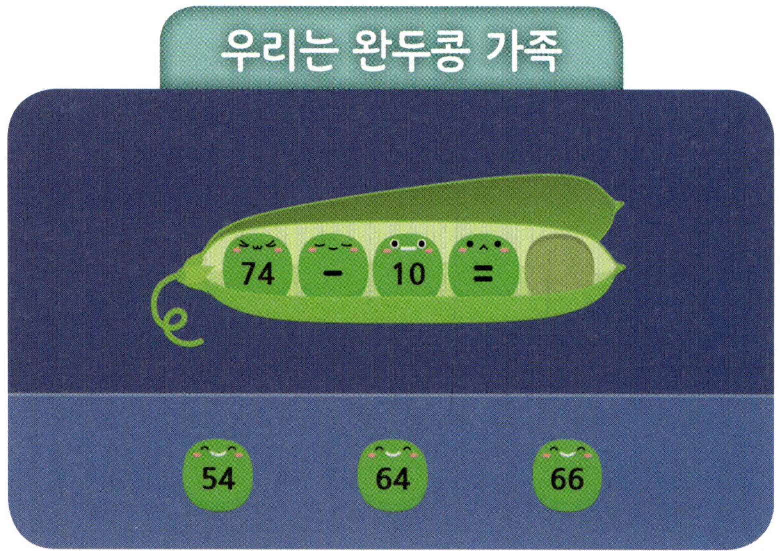

완두콩에 써 있는 두 수의 뺄셈을 해 보세요.

완두콩에 써 있는 두 수의 뺄셈 결과를 아래의 세 콩 중에서 찾아 빈 곳에 넣으세요.
64를 넣으면 정답입니다.

나는 뺄셈왕

뺄셈을 계산해 보세요.

왼쪽에 써 있는 두 수의 뺄셈을 계산하여 오른쪽의 숫자판으로 답을 누르고 확인 버튼을 누르세요.
7, 1, 확인 버튼을 차례로 누르면 정답입니다.

99까지의 빼기 5

96	빼기 5는 거꾸로 5 뛴 수	78
97	빼기 5는 5 작은 수	82
98	□가 있는 빼기 5	86
99	더하기 5와 빼기 5	90
100	+와 −	94
무엇을 배웠을까요		98

▶ 연산 보충 학습(108쪽)에서 더 풀어 보세요.

학부모 지도 가이드

이번 차시에는 빼기 5를 공부합니다. 빼기 5는 10개씩 묶음의 수가 1 작아지는 빼기 10과 달리 아이들이 어려워할 수도 있으니 처음에는 수 배열표나 수직선을 이용해서 거꾸로 세어 계산하도록 지도해 주세요.

특히 더하기 5에서 배웠던 (1, 6), (2, 7), (3, 8), (4, 9), (5, 0)을 이용해서 계산하면 더하기 5와 빼기 5를 계산하기 편리하다는 것을 아이들에게 알려 주면 좀 더 쉽게 계산할 수 있을 거예요.

$$12 + 5 = 17 \iff 17 - 5 = 12$$

빼기 5는 거꾸로 5 뛴 수

지오가 숫자 카드에 써 있는 수만큼 6에서 거꾸로 가려고 해요.

$$6 - 5 = 1$$

🌳 색칠된 수에서 거꾸로 5 뛴 수에 ◯표 하고, 뺄셈을 하세요.

$$12 - 5 = \boxed{}$$

$$28 - 5 = \boxed{}$$

$$25 - 5 = \boxed{}$$

$$37 - 5 = \boxed{}$$

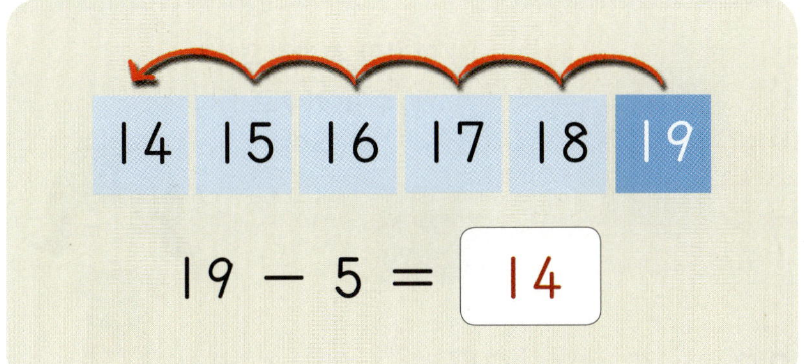

8 − 5 = ☐

94 − 5 = ☐

38 − 5 = ☐

41 − 5 = ☐

59 − 5 = ☐

70 − 5 = ☐

태경이가 손가락을 이용해서 빼기 5를 공부하고 있어요.

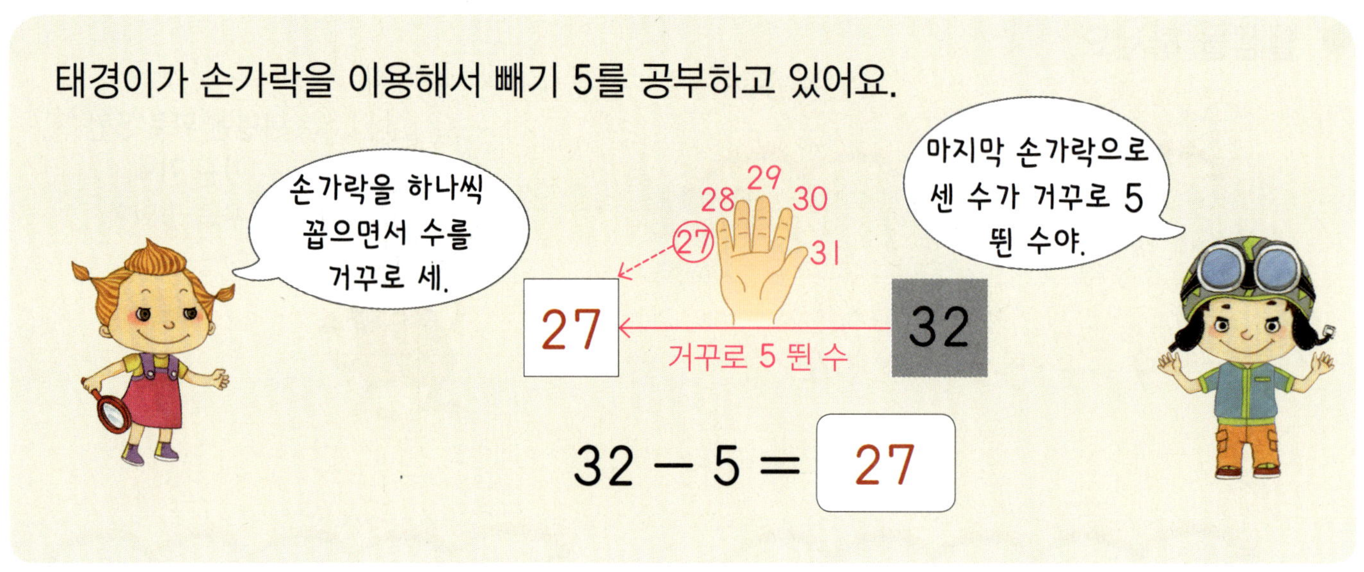

🌳 손가락을 이용하여 빈칸에 거꾸로 5 뛴 수를 쓰고, 뺄셈을 하세요.

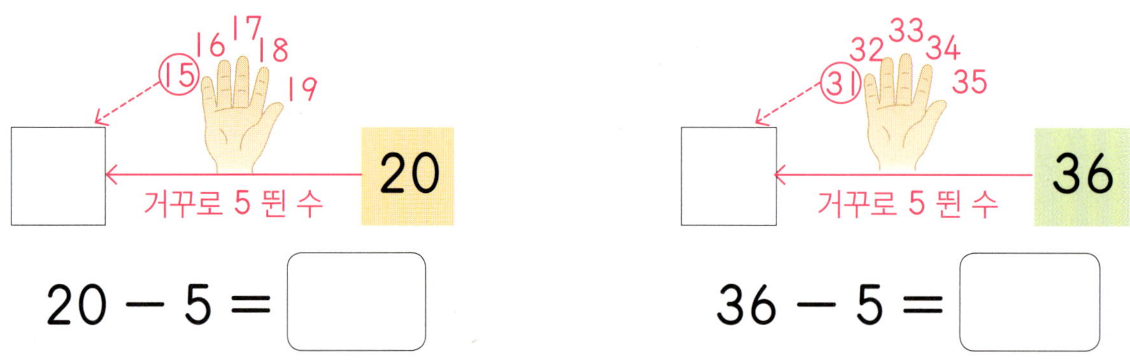

20 − 5 =

36 − 5 =

거꾸로 5 뛴 수
47

거꾸로 5 뛴 수
58

47 − 5 =

58 − 5 =

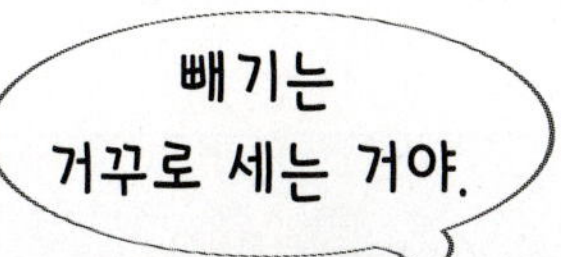

$9 - 5 =$ ☐ $15 - 5 =$ ☐

$27 - 5 =$ ☐ $38 - 5 =$ ☐

$40 - 5 =$ ☐ $64 - 5 =$ ☐

$73 - 5 =$ ☐ $97 - 5 =$ ☐

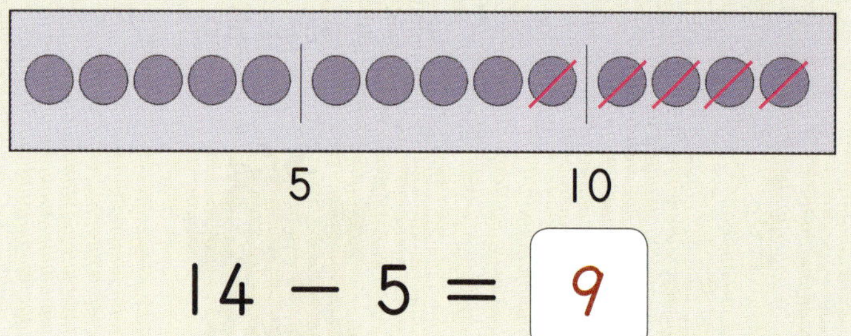

태경이가 5개를 ╱로 지우면서 빼기 5를 공부하고 있어요.

$$14 - 5 = \boxed{9}$$

🌳 ╱로 5개를 지우고, 남은 개수를 세어 뺄셈을 하세요.

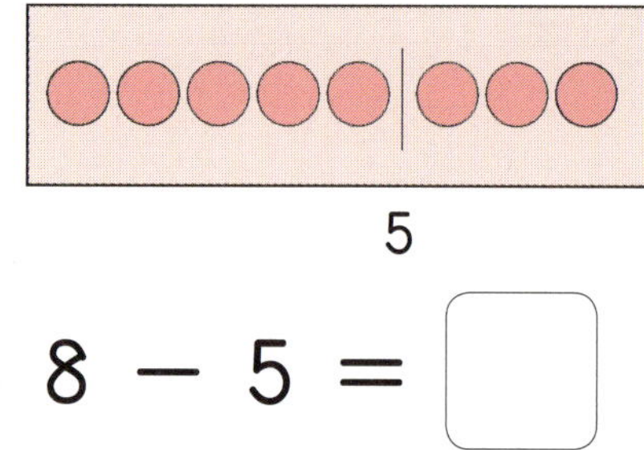

$$8 - 5 = \boxed{}$$

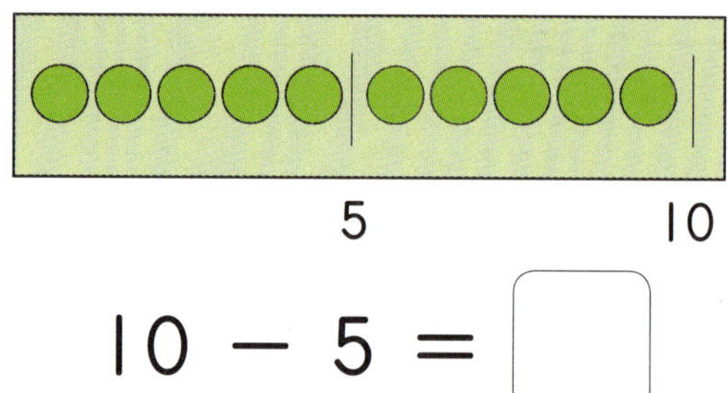

$$10 - 5 = \boxed{}$$

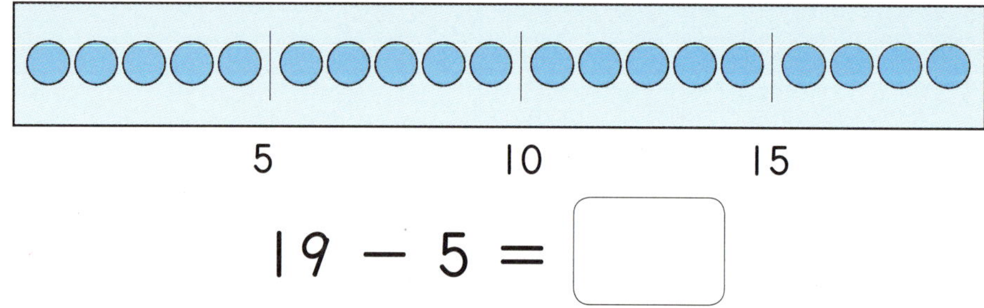

$$19 - 5 = \boxed{}$$

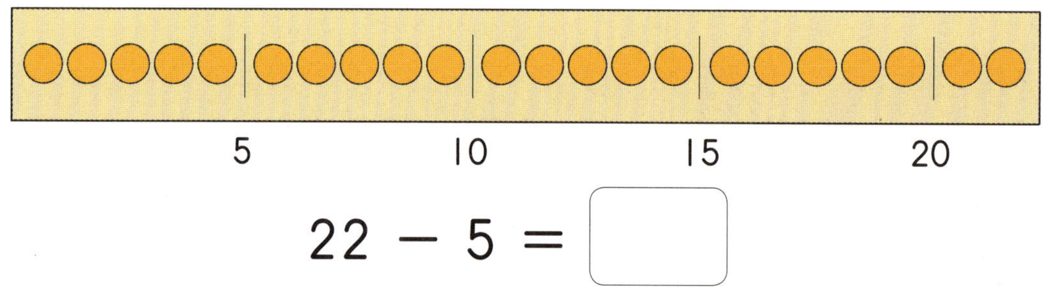

$$22 - 5 = \boxed{}$$

23 − 5 = 18

11 − 5 =

25 − 5 =

37 − 5 =

48 − 5 =

76 − 5 =

82 − 5 =

59 − 5 =

60 − 5 =

지오는 수 배열표를 보고 빼기 5를 공부하려고 해요.

20	19	18	17	16
15	14	13	12	11
10	9	8	7	6
5	4	3	2	1

$17 - 5 = 12$

$12 - 5 = 7$

$7 - 5 = 2$

🌳 수 배열표를 보고 뺄셈을 하세요.

30	29	28	27	26
25	24	23	22	21
20	19	18	17	16
15	14	13	12	11

$30 - 5 = $

$25 - 5 = $

$20 - 5 = $

60	59	58	57	56
55	54	53	52	51
50	49	48	47	46
45	44	43	42	41

$58 - 5 = $

$53 - 5 = $

$48 - 5 = $

35	34	33	32	31
30	29	28	27	26
25	24	23	22	21

$34 - 5 = \boxed{29}$

$29 - 5 = \boxed{24}$

15	14	13	12	11
10	9	8	7	6
5	4	3	2	1

$13 - 5 = \boxed{}$

$8 - 5 = \boxed{}$

60	59	58	57	56
55	54	53	52	51
50	49	48	47	46

$57 - 5 = \boxed{}$

$52 - 5 = \boxed{}$

90	89	88	87	86
85	84	83	82	81
80	79	78	77	76

$89 - 5 = \boxed{}$

$84 - 5 = \boxed{}$

98 ☐가 있는 빼기 5

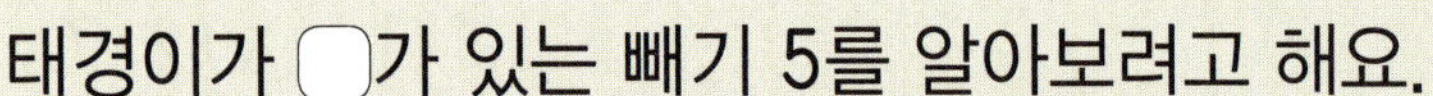

태경이가 ☐가 있는 빼기 5를 알아보려고 해요.

$$9 - 5 = 4$$

☐ 안에 알맞은 수를 쓰세요.

$$\boxed{} - 5 = 11$$

$$\boxed{} - 5 = 27$$

$$\boxed{} - 5 = 40$$

$$\boxed{} - 5 = 53$$

16 17 18 19 20 21

$$\boxed{21} - 5 = 16$$

2 3 4 5 6 7

$$\boxed{} - 5 = 2$$

9 10 11 12 13 14

$$\boxed{} - 5 = 9$$

41 42 43 44 45 46

$$\boxed{} - 5 = 41$$

55 56 57 58 59 60

$$\boxed{} - 5 = 55$$

72 73 74 75 76 77

$$\boxed{} - 5 = 72$$

67 68 69 70 71 72

$$\boxed{} - 5 = 67$$

태경이가 손가락을 이용해서 빼기 5를 공부하고 있어요.

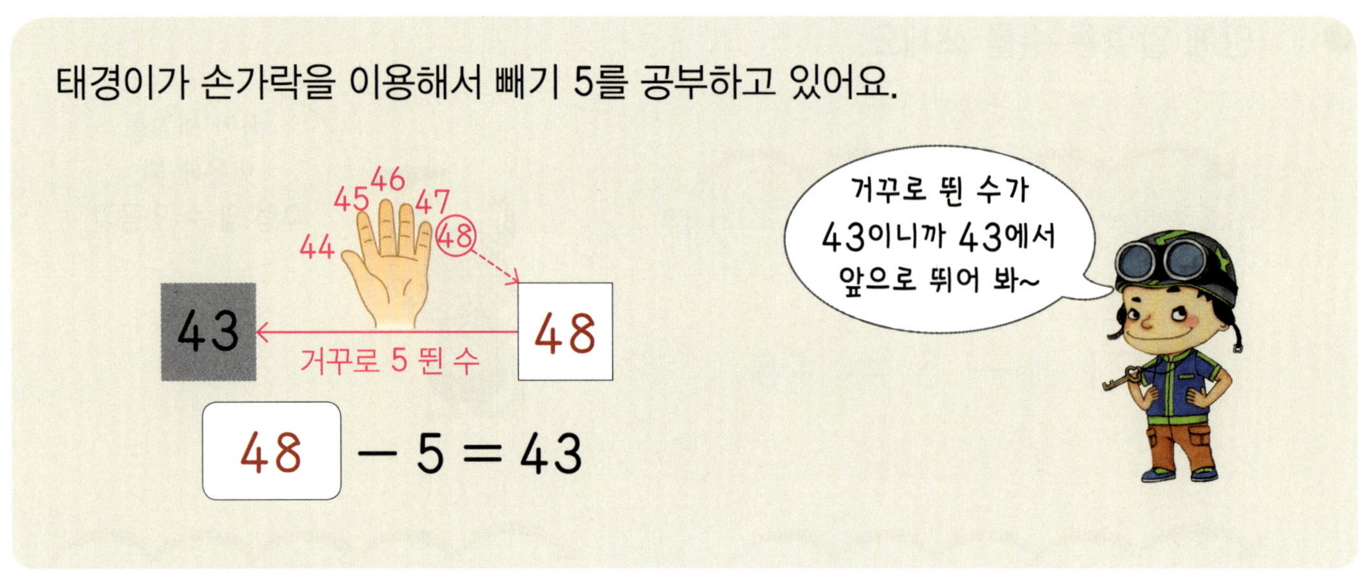

🌳 ☐ 안에 알맞은 수를 쓰세요.

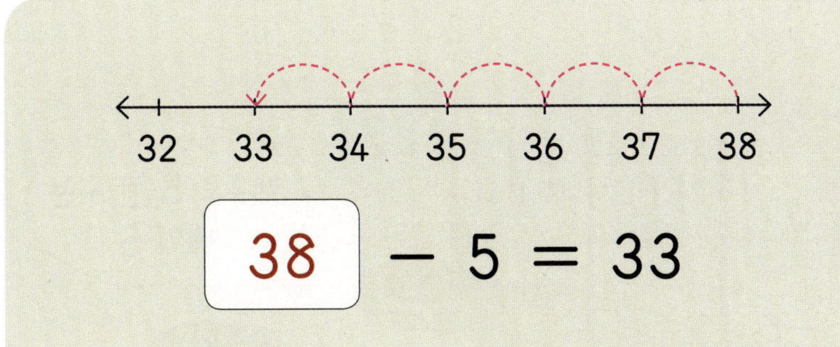

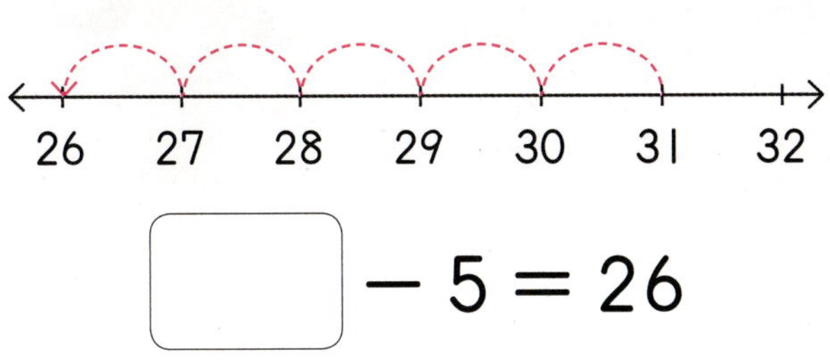

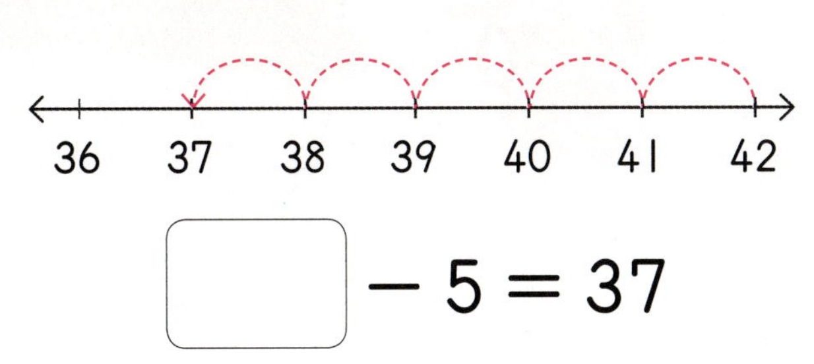

$$\boxed{} - 5 = 26$$

$$\boxed{} - 5 = 37$$

$$\boxed{} - 5 = 41$$

$$\boxed{} - 5 = 65$$

$$\boxed{} - 5 = 93$$

$$\boxed{} - 5 = 12$$

$$\boxed{} - 5 = 59$$

$$\boxed{} - 5 = 74$$

더하기 5와 빼기 5

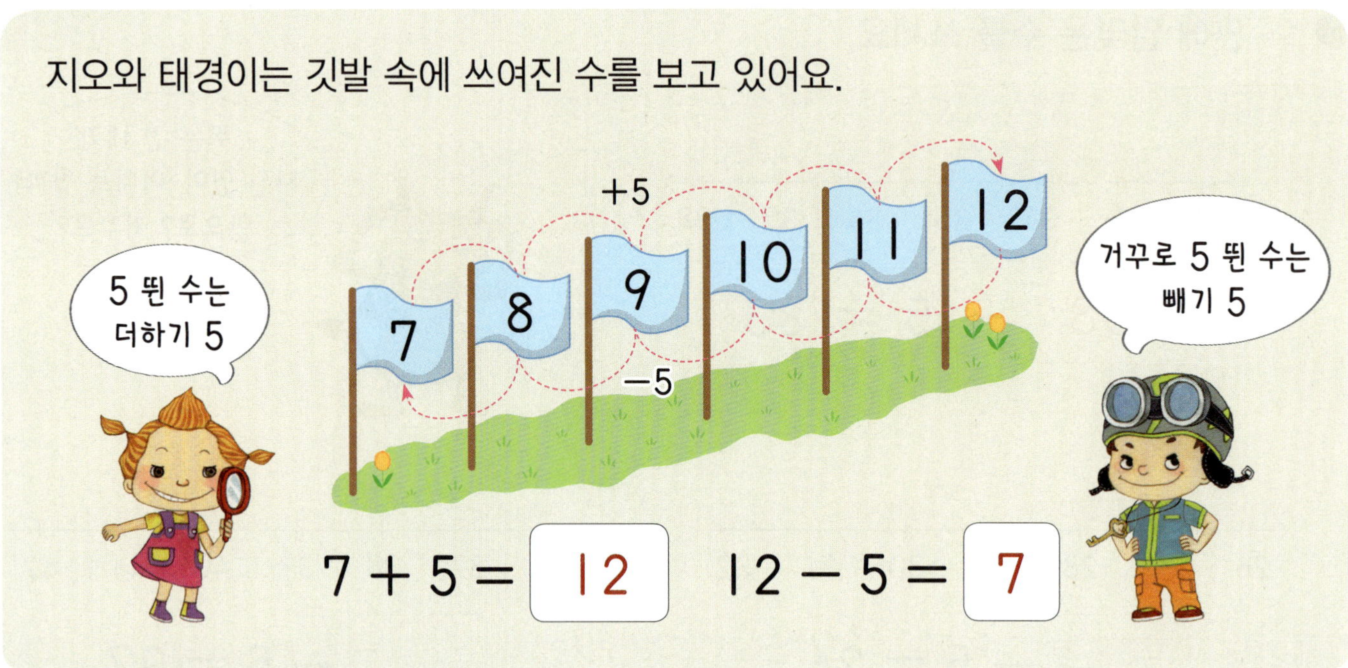

🌳 덧셈과 뺄셈을 하세요.

$$15 + 5 = \boxed{}$$

$$20 - 5 = \boxed{}$$

$$66 + 5 = \boxed{}$$

$$71 - 5 = \boxed{}$$

$$23 + 5 = \boxed{28}$$

$$\boxed{28} - 5 = 23$$

$$34 + 5 = \boxed{}$$

$$\boxed{} - 5 = 34$$

$$42 + 5 = \boxed{}$$

$$\boxed{} - 5 = 42$$

$$62 + 5 = \boxed{}$$

$$\boxed{} - 5 = 62$$

$$51 + 5 = \boxed{}$$

$$\boxed{} - 5 = 51$$

$$75 + 5 = \boxed{}$$

$$\boxed{} - 5 = 75$$

$$90 + 5 = \boxed{}$$

$$\boxed{} - 5 = 90$$

지오가 덧셈을 2가지 방법으로 계산해 보았어요.

$$2 + 5 = \boxed{7}$$

$$\begin{array}{r} 2 \\ +\ 5 \\ \hline \boxed{7} \end{array}$$

● 덧셈과 뺄셈을 하세요.

$$18 - 5 = \boxed{}$$

$$\begin{array}{r} 18 \\ -\ 5 \\ \hline \boxed{} \end{array}$$

$$34 + 5 = \boxed{}$$

$$\begin{array}{r} 34 \\ +\ 5 \\ \hline \boxed{} \end{array}$$

$$67 - 5 = \boxed{}$$

$$\begin{array}{r} 67 \\ -\ 5 \\ \hline \boxed{} \end{array}$$

🌳 덧셈과 뺄셈을 하세요.

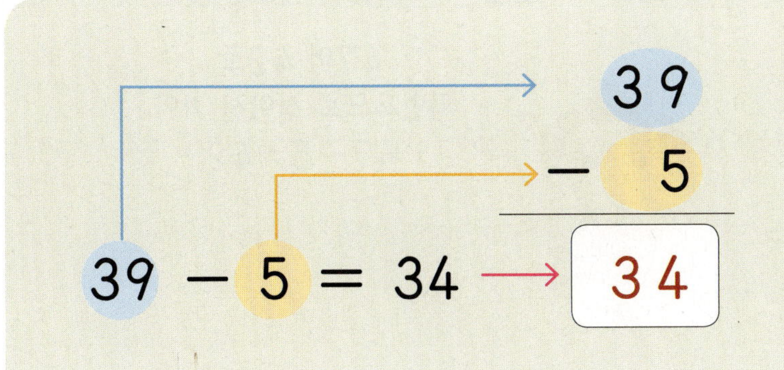

$$39 - 5 = 34 \rightarrow \boxed{34}$$

20 − 5	43 + 5	72 + 5
91 + 5	25 + 5	36 − 5
59 − 5	60 + 5	78 − 5

＋와 －

지오가 47과 5를 사용하여 42가 되는 식이 되도록 선을 그으려고 해요.

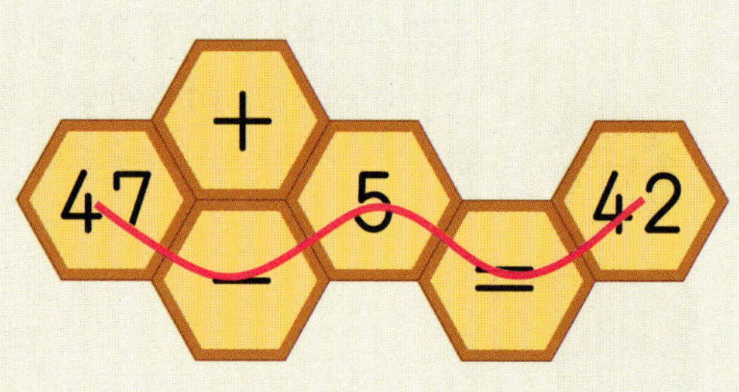

🌳 올바른 식이 되도록 선을 그으세요.

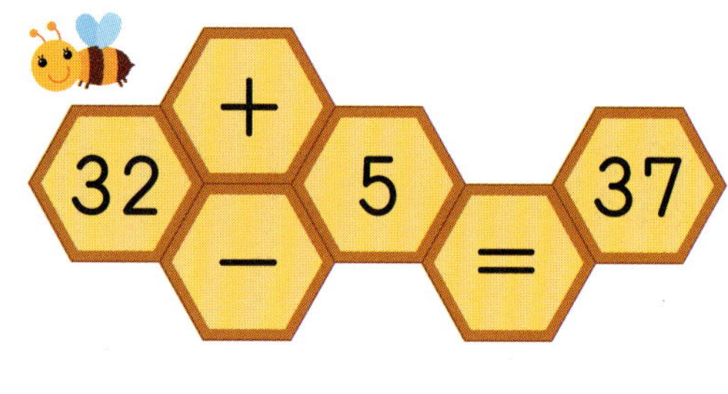

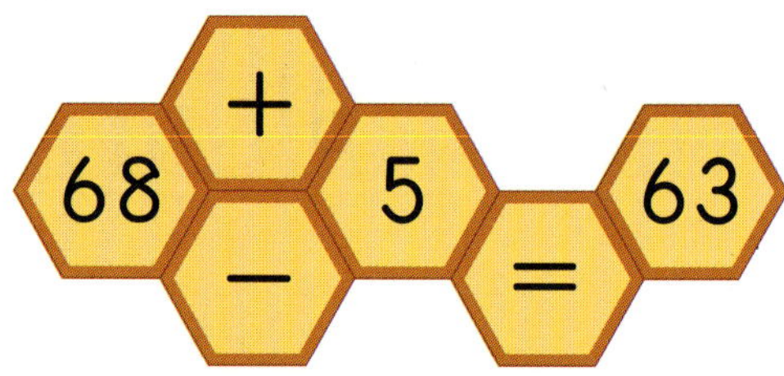

23  5 = 28

12 ◯ 5 = 17

38 ◯ 5 = 33

50 ◯ 5 = 55

65 ◯ 5 = 70

48 ◯ 5 = 43

74 ◯ 5 = 69

89 ◯ 5 = 84

91 ◯ 5 = 96

지오는 태경이가 낸 문제를 풀고 있어요.

🌳 ◯ 안에는 + 또는 −를, ☐ 안에는 알맞은 수를 쓰세요.

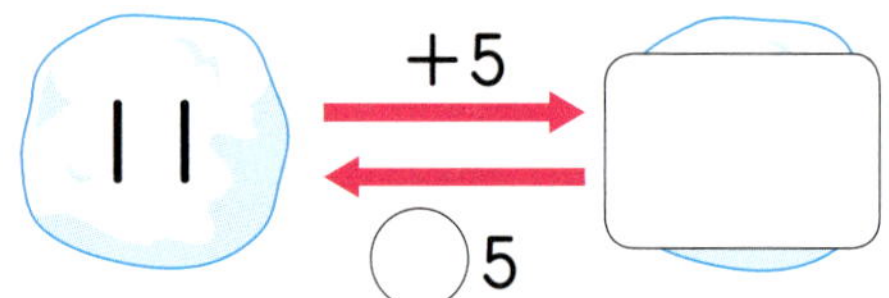

11 +5 ☐ ◯5

32 +5 ☐ ◯5

53 +5 ☐ ◯5

68 +5 ☐ ◯5

44 +5 ☐ ◯5

75 +5 ☐ ◯5

$$59 \;\bigcirc\; 5 = 54$$

$$33 \;\bigcirc\; 5 = 28 \qquad\qquad 45 \;\bigcirc\; 5 = 50$$

$$69 \;\bigcirc\; 5 = 74 \qquad\qquad 58 \;\bigcirc\; 5 = 53$$

$$77 \;\bigcirc\; 5 = 82 \qquad\qquad 81 \;\bigcirc\; 5 = 86$$

$$87 \;\bigcirc\; 5 = 82 \qquad\qquad 99 \;\bigcirc\; 5 = 94$$

🌲 뺄셈을 하세요.

$$46 - 5 = \boxed{}$$

$$83 - 5 = \boxed{}$$

🌲 ╱로 5개를 지우고 남은 개수를 세어 뺄셈을 하세요.

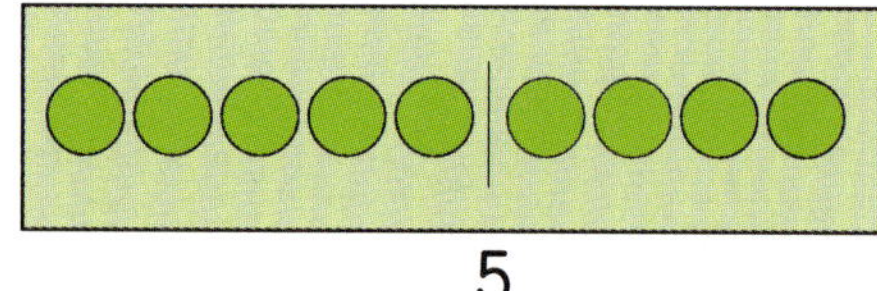

$$9 - 5 = \boxed{}$$

$$17 - 5 = \boxed{}$$

🌲 뺄셈을 하세요.

$$16 - 5 = \boxed{} \qquad 88 - 5 = \boxed{}$$

$$74 - 5 = \boxed{} \qquad 69 - 5 = \boxed{}$$

$$32 - 5 = \boxed{} \qquad 41 - 5 = \boxed{}$$

🌲 ☐ 안에 알맞은 수를 쓰세요.

$$\boxed{} - 5 = 19$$

$$\boxed{} - 5 = 93$$

🌲 덧셈과 뺄셈을 하세요.

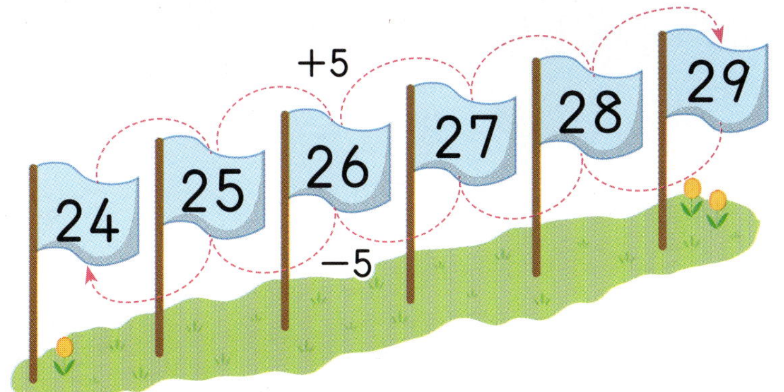

$$24 + 5 = \boxed{}$$

$$29 - 5 = \boxed{}$$

🌲 덧셈과 뺄셈을 하세요.

$$13 + 5 = \boxed{}$$

$$\boxed{} - 5 = 13$$

$$75 + 5 = \boxed{}$$

$$\boxed{} - 5 = 75$$

🌲 덧셈과 뺄셈을 하세요.

$$\begin{array}{r} 16 \\ -5 \\ \hline \boxed{} \end{array} \qquad \begin{array}{r} 23 \\ +5 \\ \hline \boxed{} \end{array} \qquad \begin{array}{r} 74 \\ -5 \\ \hline \boxed{} \end{array}$$

연산력 게임

QR코드를 찍으면 다양한 연산 게임을 할 수 있어요.

출발선에 써 있는 두 수의 뺄셈을 해 보세요.

두 수의 뺄셈 결과를 아래의 세 튜브 중에서 찾아 손가락으로 누르세요.
32를 누르면 정답입니다.

뺄셈을 계산해 보세요.

왼쪽에 써 있는 뺄셈식을 계산하여 오른쪽의 숫자판으로 답을 누르고 확인 버튼을 누르세요.
2, 0, 확인 버튼을 차례로 누르면 정답입니다.

연산 보충 학습

99까지의 더하기 10 ······························· 102

99까지의 더하기 5 ······························· 104

99까지의 빼기 10 ······························· 106

99까지의 빼기 5 ······························· 108

관련 쪽수: 6~27쪽

❖ 덧셈을 하세요.

$2 + 10 =$ ☐ $7 + 10 =$ ☐

$24 + 10 =$ ☐ $38 + 10 =$ ☐

$86 + 10 =$ ☐ $79 + 10 =$ ☐

$40 + 10 =$ ☐ $51 + 10 =$ ☐

$67 + 10 =$ ☐ $84 + 10 =$ ☐

$43 + 10 =$ ☐ $56 + 10 =$ ☐

$15 + 10 =$ ☐ $49 + 10 =$ ☐

❖ 덧셈을 하세요.

$$17 + 10 = \boxed{}$$
$$10 + 17 = \boxed{}$$

$$29 + 10 = \boxed{}$$
$$10 + 29 = \boxed{}$$

$$63 + 10 = \boxed{}$$
$$10 + 63 = \boxed{}$$

$$88 + 10 = \boxed{}$$
$$10 + 88 = \boxed{}$$

❖ ☐ 안에 알맞은 수를 쓰세요.

$$10 + \boxed{} = 14$$

$$10 + \boxed{} = 39$$

$$10 + \boxed{} = 72$$

$$10 + \boxed{} = 81$$

$$\boxed{} + 10 = 60$$

$$\boxed{} + 10 = 53$$

$$\boxed{} + 10 = 23$$

$$\boxed{} + 10 = 95$$

99까지의 더하기 5

❖ 덧셈을 하세요.

$3 + 5 = \boxed{}$　　　　$16 + 5 = \boxed{}$

$85 + 5 = \boxed{}$　　　　$92 + 5 = \boxed{}$

$1 + 5 = \boxed{}$　　　　$9 + 5 = \boxed{}$

$12 + 5 = \boxed{}$　　　　$30 + 5 = \boxed{}$

$47 + 5 = \boxed{}$　　　　$38 + 5 = \boxed{}$

$61 + 5 = \boxed{}$　　　　$66 + 5 = \boxed{}$

$74 + 5 = \boxed{}$　　　　$25 + 5 = \boxed{}$

❖ 덧셈을 하세요.

$14 + 5 = \boxed{}$
$5 + 14 = \boxed{}$

$39 + 5 = \boxed{}$
$5 + 39 = \boxed{}$

$80 + 5 = \boxed{}$
$5 + 80 = \boxed{}$

$91 + 5 = \boxed{}$
$5 + 91 = \boxed{}$

❖ ☐ 안에 알맞은 수를 쓰세요.

$5 + \boxed{} = 10$

$5 + \boxed{} = 16$

$5 + \boxed{} = 92$

$5 + \boxed{} = 77$

$\boxed{} + 5 = 48$

$\boxed{} + 5 = 56$

$\boxed{} + 5 = 59$

$\boxed{} + 5 = 30$

관련 쪽수: 54~75쪽

❖ **뺄셈을 하세요.**

$17 - 10 = \boxed{}$ $38 - 10 = \boxed{}$

$92 - 10 = \boxed{}$ $78 - 10 = \boxed{}$

$80 - 10 = \boxed{}$ $55 - 10 = \boxed{}$

$42 - 10 = \boxed{}$ $14 - 10 = \boxed{}$

$23 - 10 = \boxed{}$ $81 - 10 = \boxed{}$

$66 - 10 = \boxed{}$ $59 - 10 = \boxed{}$

$75 - 10 = \boxed{}$ $63 - 10 = \boxed{}$

❖ 덧셈과 뺄셈을 하세요.

$$15 + 10 = \boxed{}$$
$$\boxed{} - 10 = 15$$

$$47 + 10 = \boxed{}$$
$$\boxed{} - 10 = 47$$

$$60 + 10 = \boxed{}$$
$$\boxed{} - 10 = 60$$

$$78 + 10 = \boxed{}$$
$$\boxed{} - 10 = 78$$

❖ 덧셈과 뺄셈을 하세요.

16	32	45
$+\ 10$	$-\ 10$	$+\ 10$
$\boxed{}$	$\boxed{}$	$\boxed{}$

70	83	95
$-\ 10$	$+\ 10$	$-\ 10$
$\boxed{}$	$\boxed{}$	$\boxed{}$

관련 쪽수: 78~99쪽

❖ 뺄셈을 하세요.

$$77 - 5 = \boxed{}$$

$$46 - 5 = \boxed{}$$

$$68 - 5 = \boxed{}$$

$$85 - 5 = \boxed{}$$

$$14 - 5 = \boxed{}$$

$$90 - 5 = \boxed{}$$

$$29 - 5 = \boxed{}$$

$$33 - 5 = \boxed{}$$

❖ 덧셈과 뺄셈을 하세요.

$\begin{array}{r} 18 \\ -\ 5 \\ \hline \end{array}$	$\begin{array}{r} 62 \\ +\ 5 \\ \hline \end{array}$	$\begin{array}{r} 15 \\ -\ 5 \\ \hline \end{array}$
$\begin{array}{r} 74 \\ -\ 5 \\ \hline \end{array}$	$\begin{array}{r} 10 \\ +\ 5 \\ \hline \end{array}$	$\begin{array}{r} 51 \\ +\ 5 \\ \hline \end{array}$

6 · 7

81 더하기 10은 10 뛴 수

주차장에 있는 빈 곳의 번호를 알아보려고 해요.

1 + 10 = 11   8 + 10 = 18

🍀 수 배열표의 빈 곳에 알맞은 수를 쓰고, 덧셈을 하세요.

| 21 | 22 | 23 | 24 | 25 | 26 | 27 | 28 | 29 | 30 |
| 31 | 32 | 33 | 34 | 35 | 36 | 37 | 38 | 39 | 40 |

24 + 10 = 34   30 + 10 = 40

| 51 | 52 | 53 | 54 | 55 | 56 | 57 | 58 | 59 | 60 |
| 61 | 62 | 63 | 64 | 65 | 66 | 67 | 68 | 69 | 70 |

53 + 10 = 63   57 + 10 = 67

🍀 수 배열표의 빈 곳에 알맞은 수를 쓰고, 덧셈을 하세요.

| 11 | 12 | 13 | 14 | 15 | 16 | 17 | 18 | 19 | 20 |
| 21 | 22 | 23 | 24 | 25 | 26 | 27 | 28 | 29 | 30 |

15 + 10 = 25

| 1 | 2 | 3 | 4 | 5 | 6 | 7 | 8 | 9 | 10 |
| 11 | 12 | 13 | 14 | 15 | 16 | 17 | 18 | 19 | 20 |

6 + 10 = 16   9 + 10 = 19

21	22	23	24	25	26	27	28	29	30
31	32	33	34	35	36	37	38	39	40
41	42	43	44	45	46	47	48	49	50

21 + 10 = 31   27 + 10 = 37

32 + 10 = 42   38 + 10 = 48

8 · 9

지오와 태경이가 10 뛴 수를 찾아 더하기 10을 공부하고 있어요.

36 + 10 = 46

🍀 비어 있는 곳에 10 뛴 수를 쓰고, 덧셈을 하세요.

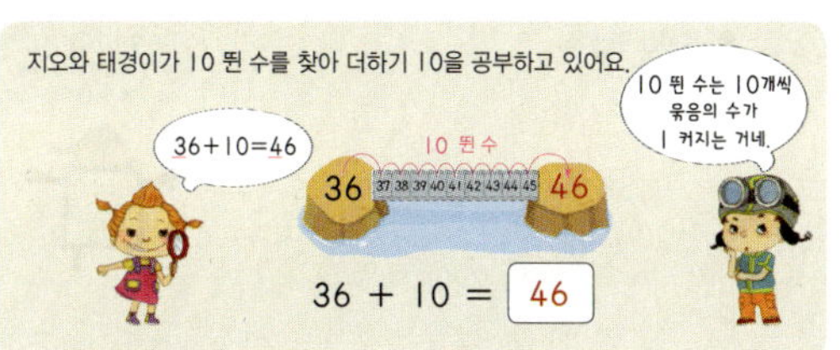

23 + 10 = 33   50 + 10 = 60

63 + 10 = 73   49 + 10 = 59

71 + 10 = 81   85 + 10 = 95

🍀 덧셈을 하세요.

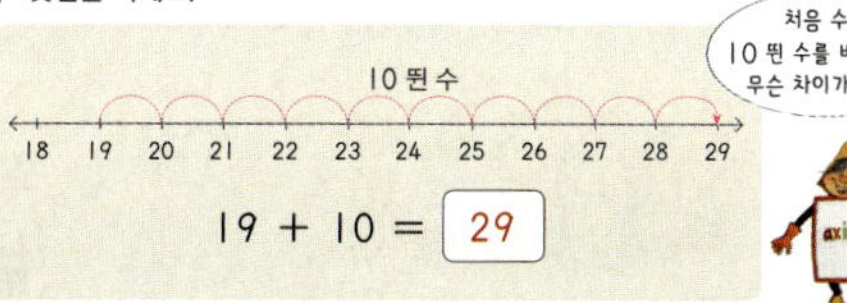

19 + 10 = 29

15 + 10 = 25   22 + 10 = 32

44 + 10 = 54   70 + 10 = 80

31 + 10 = 41   57 + 10 = 67

83 + 10 = 93   66 + 10 = 76

공부한 날
월
일

정답 **1**

82 더하기 10은 10 큰 수

83 바꾸어 더하기

친구가 두 수를 바꾸어 더해 보았어요.

$6 + 10 = \boxed{16}$

$10 + 6 = \boxed{16}$

🌱 바꾸어 더해도 결과는 같아요. 덧셈을 하세요.

$23 + 10 = \boxed{33}$

$10 + 23 = \boxed{33}$

$52 + 10 = \boxed{62}$

$10 + 52 = \boxed{62}$

$70 + 10 = \boxed{80}$

$10 + 70 = \boxed{80}$

🌱 덧셈을 하세요.

$16 + 10 = \boxed{26}$

$10 + 16 = \boxed{26}$

$7 + 10 = \boxed{17}$

$10 + 7 = \boxed{17}$

$26 + 10 = \boxed{36}$

$10 + 26 = \boxed{36}$

$49 + 10 = \boxed{59}$

$10 + 49 = \boxed{59}$

$63 + 10 = \boxed{73}$

$10 + 63 = \boxed{73}$

$55 + 10 = \boxed{65}$

$10 + 55 = \boxed{65}$

$31 + 10 = \boxed{41}$

$10 + 31 = \boxed{41}$

지오가 양팔 저울에 추를 올려놓았어요.

$10 + 14 = \boxed{24}$

$14 + 10 = \boxed{24}$

🌱 덧셈을 하세요.

$10 + 17 = \boxed{27}$

$17 + 10 = \boxed{27}$

$10 + 28 = \boxed{38}$

$28 + 10 = \boxed{38}$

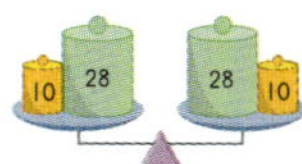

$10 + 32 = \boxed{42}$

$32 + 10 = \boxed{42}$

🌱 덧셈을 하세요.

$10 + 35 = \boxed{45}$

$35 + 10 = \boxed{45}$

$10 + 4 = \boxed{14}$

$4 + 10 = \boxed{14}$

$10 + 39 = \boxed{49}$

$39 + 10 = \boxed{49}$

$10 + 46 = \boxed{56}$

$46 + 10 = \boxed{56}$

$10 + 19 = \boxed{29}$

$19 + 10 = \boxed{29}$

$10 + 67 = \boxed{77}$

$67 + 10 = \boxed{77}$

$10 + 58 = \boxed{68}$

$58 + 10 = \boxed{68}$

공부한 날
월
일

84 더하기 10, 10 더하기

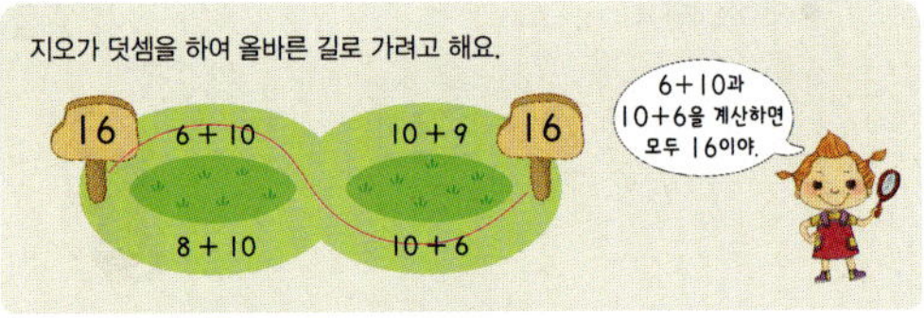

계산 결과가 🍄 안의 수가 되는 덧셈식을 따라 선을 그으세요.

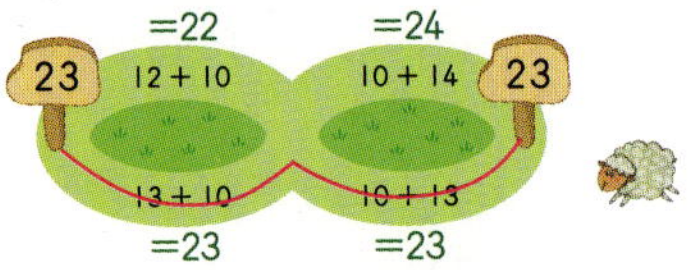

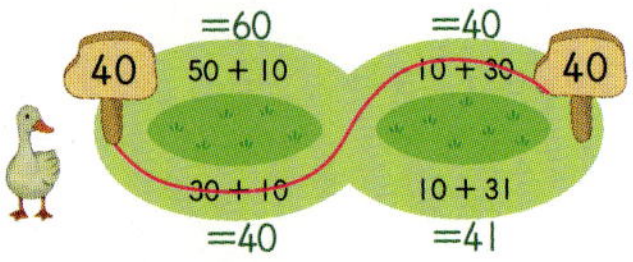

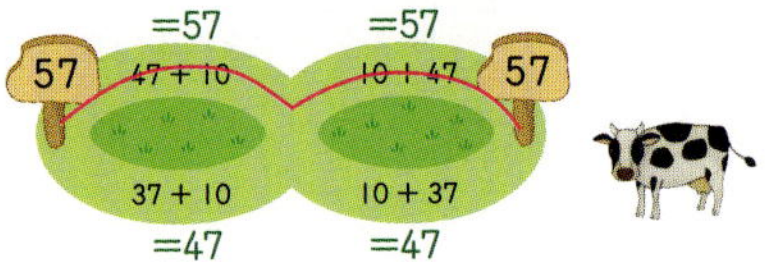

덧셈을 하세요.

$$10 + 38 = \boxed{48}$$
$$38 + 10 = \boxed{48}$$

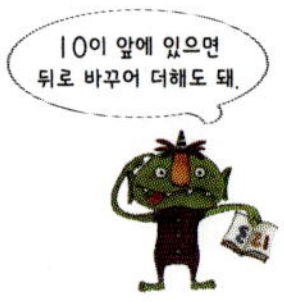

$$12 + 10 = \boxed{22}$$
$$10 + 12 = \boxed{22}$$

$$37 + 10 = \boxed{47}$$
$$10 + 37 = \boxed{47}$$

$$68 + 10 = \boxed{78}$$
$$10 + 68 = \boxed{78}$$

$$44 + 10 = \boxed{54}$$
$$10 + 44 = \boxed{54}$$

$$10 + 16 = \boxed{26}$$
$$16 + 10 = \boxed{26}$$

$$10 + 22 = \boxed{32}$$
$$22 + 10 = \boxed{32}$$

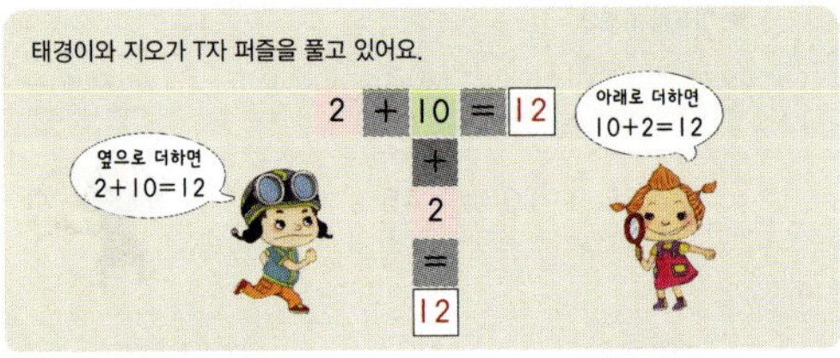

---

20 · 21

빈칸에 알맞은 수를 쓰세요.

덧셈을 하세요.

$$10 + 26 = \boxed{36}$$
$$26 + 10 = \boxed{36}$$

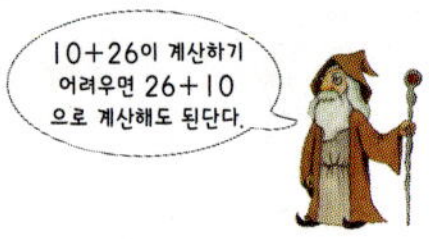

$$5 + 10 = \boxed{15}$$
$$42 + 10 = \boxed{52}$$

$$30 + 10 = \boxed{40}$$
$$78 + 10 = \boxed{88}$$

$$10 + 11 = \boxed{21}$$
$$10 + 64 = \boxed{74}$$

$$10 + 37 = \boxed{47}$$
$$10 + 89 = \boxed{99}$$

85 ☐가 있는 더하기 10

🌱 수 배열표를 보고, ☐ 안에 알맞은 수를 쓰세요.

41	42	43	44	45	46	47	48	49	50
51	52	53	54	55	56	57	58	59	60

46 + 10 = 56   48 + 10 = 58

61	62	63	64	65	66	67	68	69	70
71	72	73	74	75	76	77	78	79	80
81	82	83	84	85	86	87	88	89	90

63 + 10 = 73   77 + 10 = 87

🌱 ☐ 안에 알맞은 수를 쓰세요.

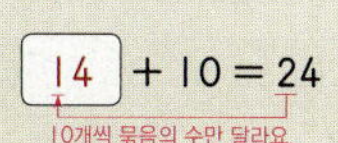
14 + 10 = 24
10개씩 묶음의 수만 달라요.

5 + 10 = 15   10 + 10 = 20

28 + 10 = 38   31 + 10 = 41

46 + 10 = 56   63 + 10 = 73

57 + 10 = 67   82 + 10 = 92

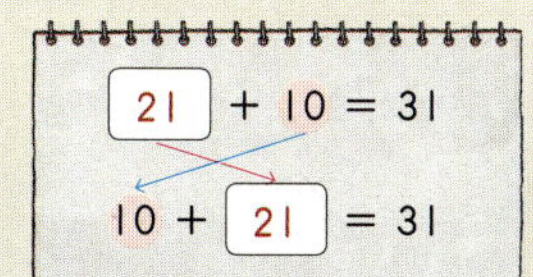

🌱 ☐ 안에 알맞은 수를 쓰세요.

3 + 10 = 13   18 + 10 = 28
10 + 3 = 13   10 + 18 = 28

20 + 10 = 30   37 + 10 = 47
10 + 20 = 30   10 + 37 = 47

43 + 10 = 53   55 + 10 = 65
10 + 43 = 53   10 + 55 = 65

🌱 ☐ 안에 알맞은 수를 쓰세요.

10 + 12 = 22
12 + 10 = 22

10 + 1 = 11   10 + 27 = 37

10 + 39 = 49   10 + 52 = 62

10 + 71 = 81   10 + 66 = 76

10 + 80 = 90   10 + 89 = 99

26 · 27

무엇을 배웠을까요

▲ 수 배열표의 빈 곳에 알맞은 수를 쓰고, 덧셈을 하세요.

| 51 | 52 | 53 | 54 | 55 | 56 | 57 | 58 | 59 | 60 |
| 61 | 62 | 63 | 64 | 65 | 66 | 67 | 68 | 69 | 70 |

$53 + 10 = 63$ $60 + 10 = 70$

▲ 그림을 보고 덧셈을 하세요.

$24 + 10 = 34$ $48 + 10 = 58$

▲ 덧셈을 하세요.

$39 + 10 = 49$ $70 + 10 = 80$

$16 + 10 = 26$ $55 + 10 = 65$

▲ 바꾸어 더해도 결과는 같아요. 덧셈을 하세요.

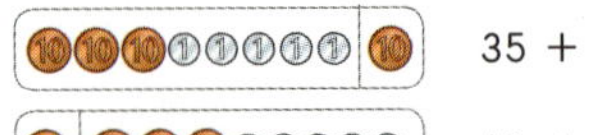

$35 + 10 = 45$

$10 + 35 = 45$

▲ 덧셈을 하세요.

$8 + 10 = 18$ $72 + 10 = 82$

$10 + 8 = 18$ $10 + 72 = 82$

▲ ☐안에 알맞은 수를 쓰세요.

$10 + 29 = 39$ $15 + 10 = 25$

$10 + 73 = 83$ $47 + 10 = 57$

$10 + 36 = 46$ $83 + 10 = 93$

---

30 · 31

86 더하기 5는 5 뛴 수

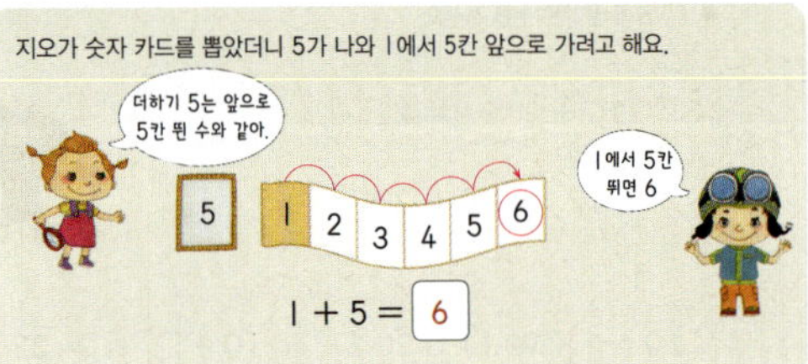

$1 + 5 = 6$

▲ 색칠된 수에서 5 뛴 수에 ◯표 하고, 덧셈을 하세요.

$3 + 5 = 8$ $12 + 5 = 17$

$26 + 5 = 31$ $35 + 5 = 40$

● 덧셈을 하세요.

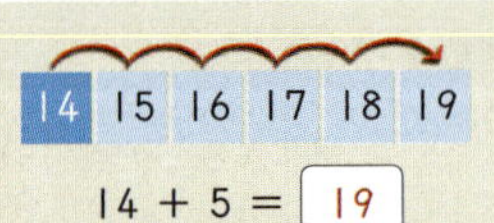

$14 + 5 = 19$

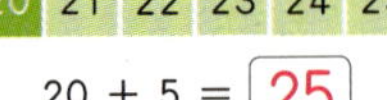

$9 + 5 = 14$ $20 + 5 = 25$

$37 + 5 = 42$ $41 + 5 = 46$

$52 + 5 = 57$ $65 + 5 = 70$

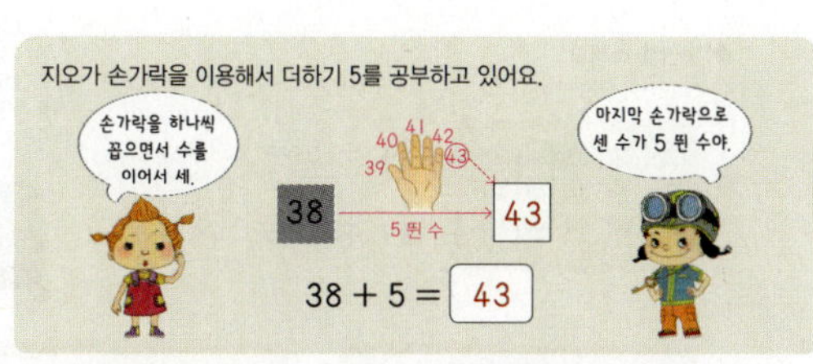

● 손가락을 이용하여 빈칸에 5 뛴 수를 쓰고, 덧셈을 하세요.

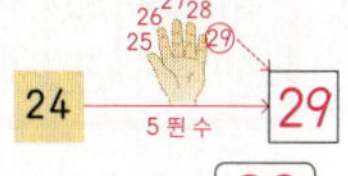

24 + 5 = 29   30 + 5 = 35

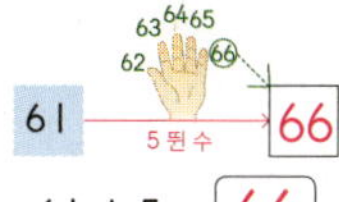

61 + 5 = 66   72 + 5 = 77

● 덧셈을 하세요.

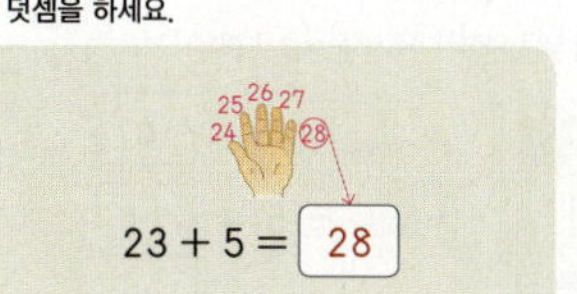

4 + 5 = 9   11 + 5 = 16

22 + 5 = 27   33 + 5 = 38

51 + 5 = 56   65 + 5 = 70

80 + 5 = 85   94 + 5 = 99

---

87 더하기 5는 5 큰 수

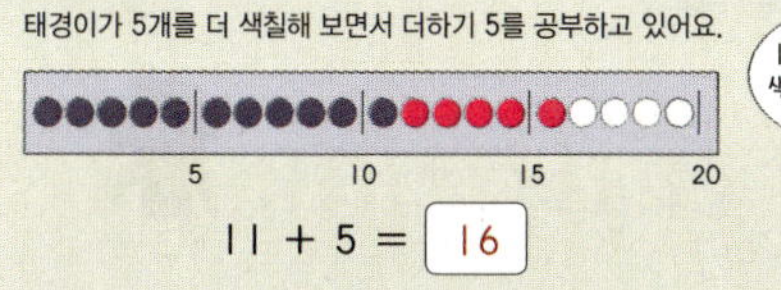

● 5개 더 색칠하고, 개수를 세어 덧셈을 하세요.

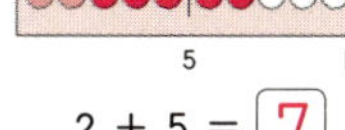

2 + 5 = 7   5 + 5 = 10

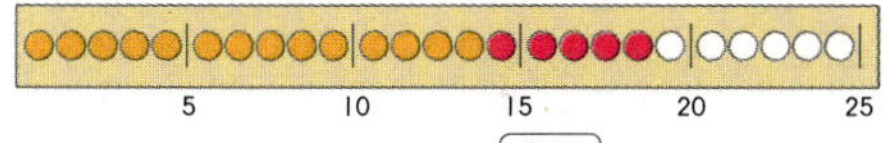

14 + 5 = 19

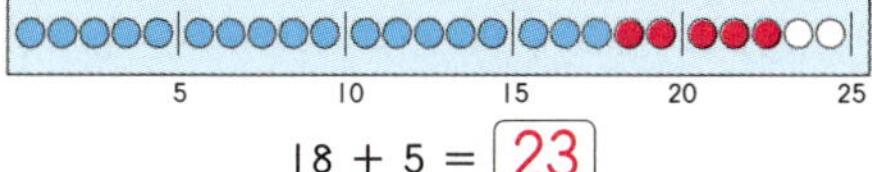

18 + 5 = 23

● 덧셈을 하세요.

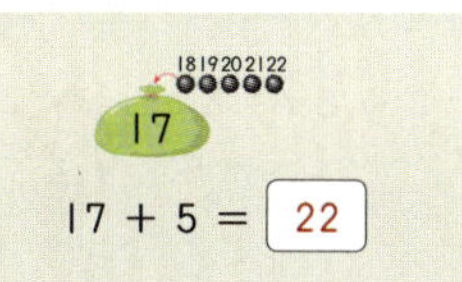

3 + 5 = 8   12 + 5 = 17

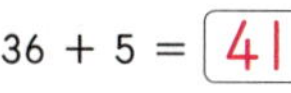

22 + 5 = 27   36 + 5 = 41

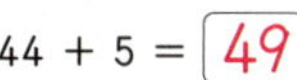

44 + 5 = 49   81 + 5 = 86

36 / 37

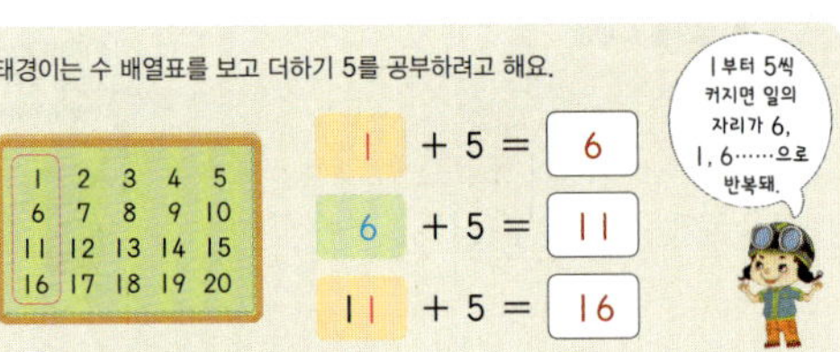

태경이는 수 배열표를 보고 더하기 5를 공부하려고 해요.

1	2	3	4	5
6	7	8	9	10
11	12	13	14	15
16	17	18	19	20

1 + 5 = 6
6 + 5 = 11
11 + 5 = 16

🌱 수 배열표를 보고, 덧셈을 하세요.

11	12	13	14	15
16	17	18	19	20
21	22	23	24	25
26	27	28	29	30

13 + 5 = 18
18 + 5 = 23
23 + 5 = 28

31	32	33	34	35
36	37	38	39	40
41	42	43	44	45
46	47	48	49	50

35 + 5 = 40
40 + 5 = 45
45 + 5 = 50

🌱 덧셈을 하세요.

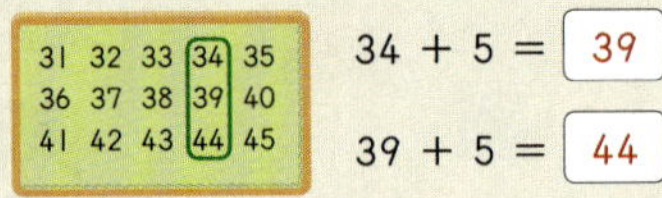

31	32	33	34	35
36	37	38	39	40
41	42	43	44	45

34 + 5 = 39
39 + 5 = 44

11	12	13	14	15
16	17	18	19	20
21	22	23	24	25

15 + 5 = 20
20 + 5 = 25

46	47	48	49	50
51	52	53	54	55
56	57	58	59	60

48 + 5 = 53
53 + 5 = 58

66	67	68	69	70
71	72	73	74	75
76	77	78	79	80

69 + 5 = 74
74 + 5 = 79

---

38 / 39

88 바꾸어 더하기

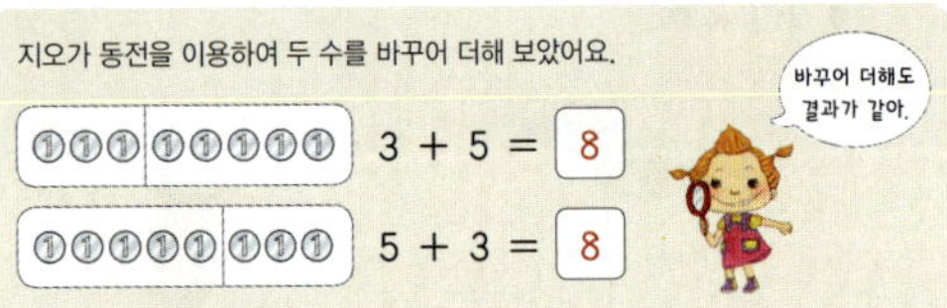

지오가 동전을 이용하여 두 수를 바꾸어 더해 보았어요.

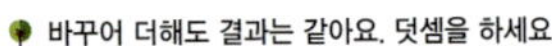 3 + 5 = 8
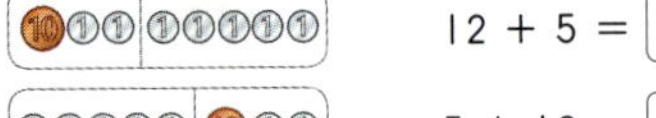 5 + 3 = 8

🌱 바꾸어 더해도 결과는 같아요. 덧셈을 하세요.

12 + 5 = 17
5 + 12 = 17

23 + 5 = 28
5 + 23 = 28

30 + 5 = 35
5 + 30 = 35

🌱 덧셈을 하세요.

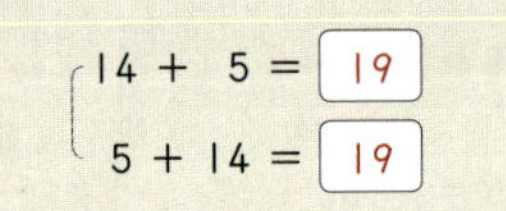

14 + 5 = 19
5 + 14 = 19

2 + 5 = 7
5 + 2 = 7

21 + 5 = 26
5 + 21 = 26

44 + 5 = 49
5 + 44 = 49

50 + 5 = 55
5 + 50 = 55

57 + 5 = 62
5 + 57 = 62

93 + 5 = 98
5 + 93 = 98

지오가 두 수를 바꾸어 더해 보았어요.

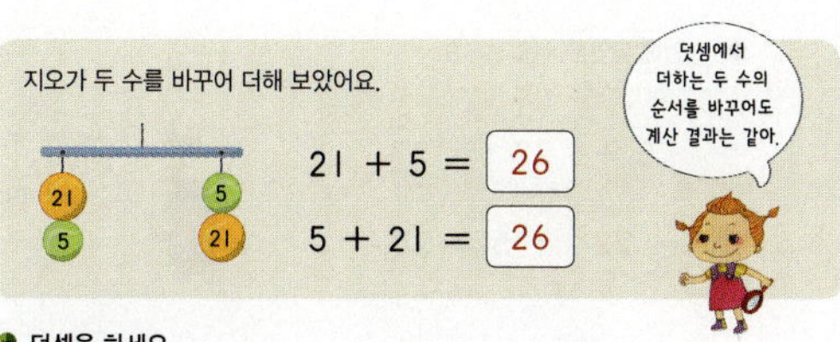

$$21 + 5 = 26$$
$$5 + 21 = 26$$

🍀 덧셈을 하세요.

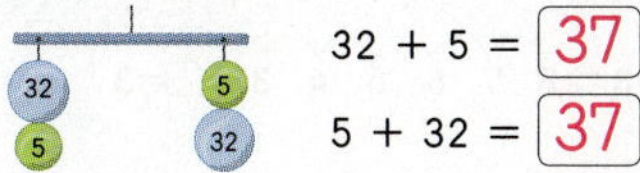

$$32 + 5 = 37$$
$$5 + 32 = 37$$

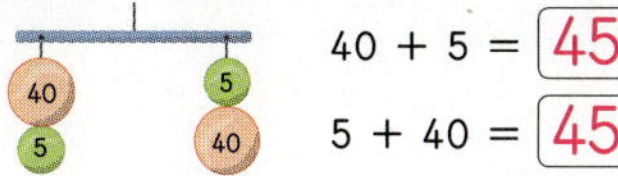

$$40 + 5 = 45$$
$$5 + 40 = 45$$

$$53 + 5 = 58$$
$$5 + 53 = 58$$

🍀 덧셈을 하세요.

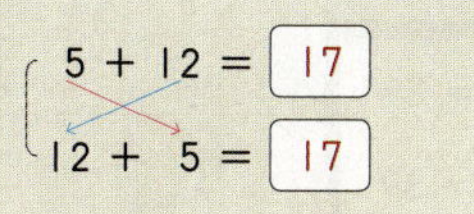

$$5 + 12 = 17$$
$$12 + 5 = 17$$

$$5 + 15 = 20 \qquad 5 + 22 = 27$$
$$15 + 5 = 20 \qquad 22 + 5 = 27$$

$$5 + 30 = 35 \qquad 5 + 43 = 48$$
$$30 + 5 = 35 \qquad 43 + 5 = 48$$

$$5 + 54 = 59 \qquad 5 + 71 = 76$$
$$54 + 5 = 59 \qquad 71 + 5 = 76$$

---

89 ☐가 있는 더하기 5

태경이가 손가락을 이용해서 ☐가 있는 더하기 5를 공부하고 있어요.

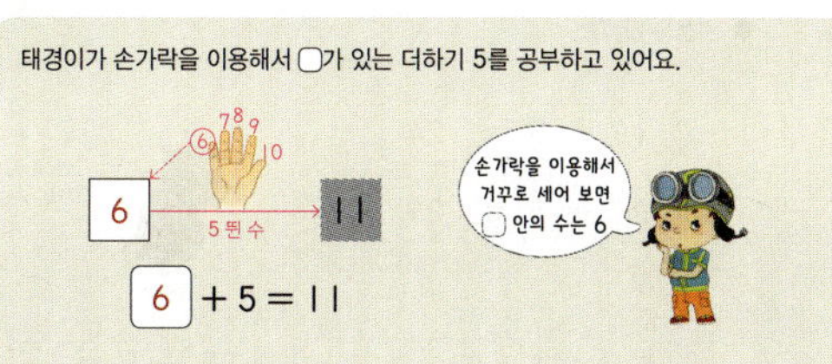

$$6 + 5 = 11$$

🍀 빈칸에 알맞은 수를 쓰세요.

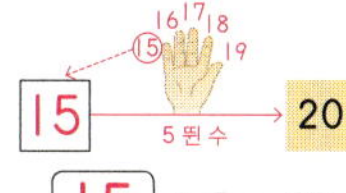

$$15 + 5 = 20$$

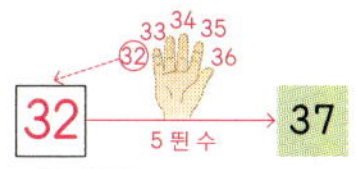

$$32 + 5 = 37$$

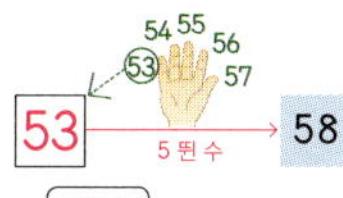

$$53 + 5 = 58$$

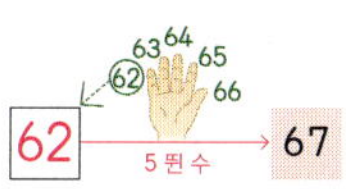

$$62 + 5 = 67$$

🍀 ☐ 안에 알맞은 수를 쓰세요.

$$13 + 5 = 18$$

$$4 + 5 = 9 \qquad 22 + 5 = 27$$

$$33 + 5 = 38 \qquad 41 + 5 = 46$$

$$50 + 5 = 55 \qquad 59 + 5 = 64$$

$$65 + 5 = 70 \qquad 88 + 5 = 93$$

44 · 45

지오가 두 수를 바꾸어 더해도 답이 같다는 것을 이용해 다음과 같이 썼어요.

34 + 5 = 39
5 + 34 = 39

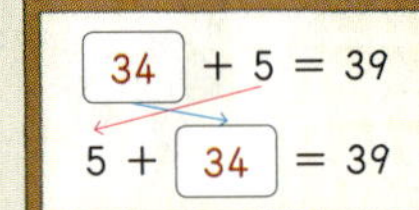

● ☐ 안에 알맞은 수를 쓰세요.

10 + 5 = 15
5 + 10 = 15

21 + 5 = 26
5 + 21 = 26

23 + 5 = 28
5 + 23 = 28

44 + 5 = 49
5 + 44 = 49

45 + 5 = 50
5 + 45 = 50

72 + 5 = 77
5 + 72 = 77

● ☐ 안에 알맞은 수를 쓰세요.

5 + 22 = 27
22 + 5 = 27

5 + 3 = 8 　　　 5 + 20 = 25

⇨ ☐+5=8 ⇨ 8 7 6 5 4 3 ⇨ ☐=3

5 + 32 = 37 　　　 5 + 41 = 46

5 + 45 = 50 　　　 5 + 64 = 69

5 + 94 = 99 　　　 5 + 82 = 87

공부한 날
월
일

46 · 47

90 두 번 더하기

8에서 5씩 두 번 뛰어 세어 보려고 해요.

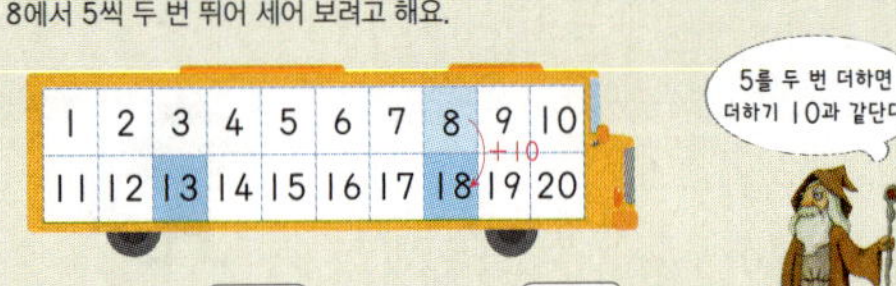

8 + 5 = 13 　　　 13 + 5 = 18

● 덧셈을 하세요.

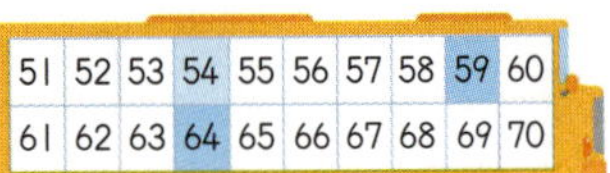

22 + 5 = 27 　　　 27 + 5 = 32

54 + 5 = 59 　　　 59 + 5 = 64

● 덧셈을 하세요.

19 + 5 = 24
24 + 5 = 29

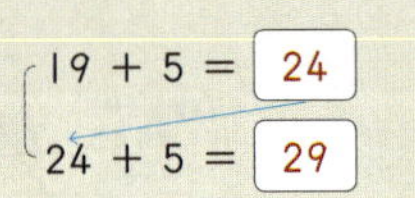

2 + 5 = 7
7 + 5 = 12

25 + 5 = 30
30 + 5 = 35

48 + 5 = 53
53 + 5 = 58

52 + 5 = 57
57 + 5 = 62

61 + 5 = 66
66 + 5 = 71

88 + 5 = 93
93 + 5 = 98

지오가 더하기 5를 한 수를 찾는 문제를 풀어보려고 해요.

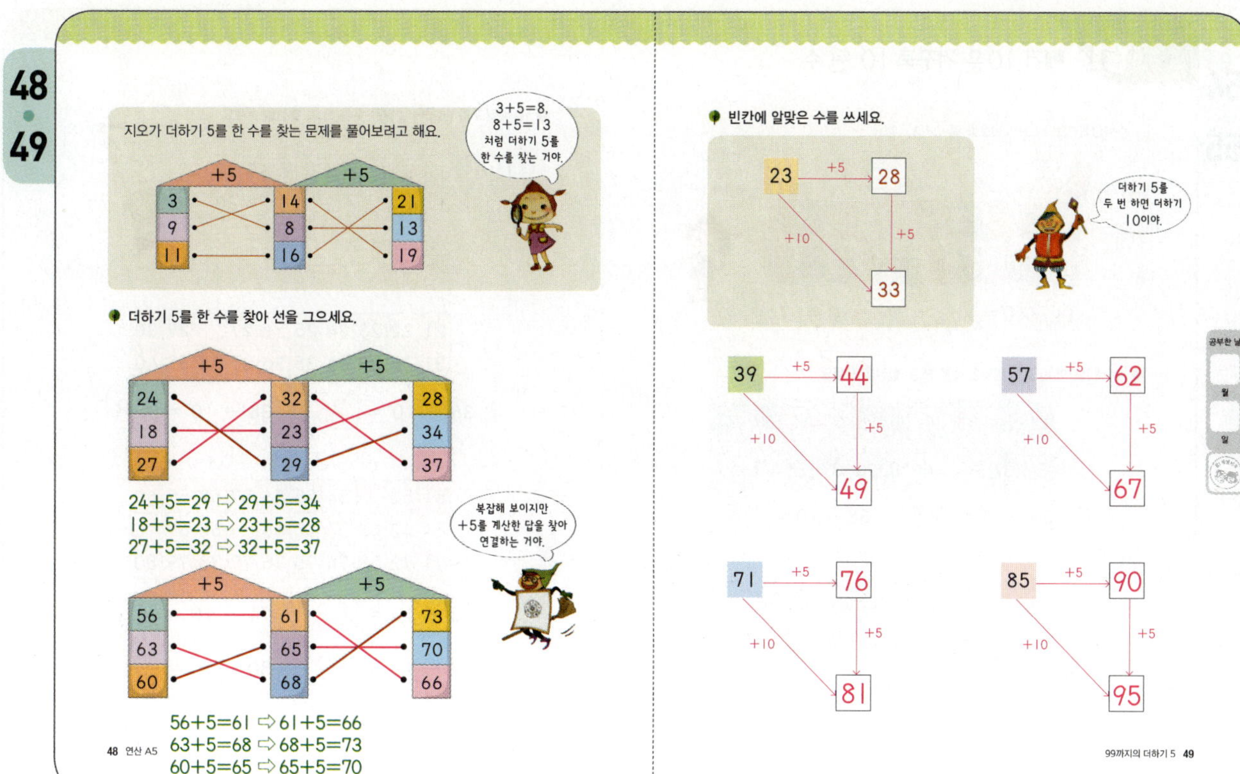

🌲 더하기 5를 한 수를 찾아 선을 그으세요.

24+5=29 ⇨ 29+5=34
18+5=23 ⇨ 23+5=28
27+5=32 ⇨ 32+5=37

56+5=61 ⇨ 61+5=66
63+5=68 ⇨ 68+5=73
60+5=65 ⇨ 65+5=70

🌲 빈칸에 알맞은 수를 쓰세요.

23 → +5 → 28
+10
+5
33

39 → +5 → 44
+10
+5
49

57 → +5 → 62
+10
+5
67

71 → +5 → 76
+10
+5
81

85 → +5 → 90
+10
+5
95

공부한 날
월
일

❄ 무엇을 배웠을까요

🌲 색칠된 수에서 5 뛴 수에 ◯표 하고, 덧셈을 하세요.

24 25 26 27 28 (29)

76 77 78 79 80 (81)

24 + 5 = 29

76 + 5 = 81

🌲 손가락을 이용하여 빈칸에 5 뛴 수를 쓰고, 덧셈을 하세요.

53 → 5 뛴 수 → 58

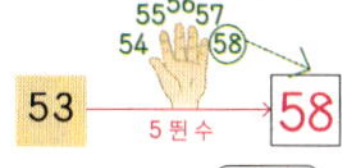
49 → 5 뛴 수 → 54

53 + 5 = 58

49 + 5 = 54

🌲 덧셈을 하세요.

2 + 5 = 7

14 + 5 = 19

81 + 5 = 86

75 + 5 = 80

🌲 수 배열표를 보고, 덧셈을 하세요.

21	22	23	24	25
26	27	28	29	30
31	32	33	34	35

23 + 5 = 28

28 + 5 = 33

🌲 덧셈을 하세요.

34 + 5 = 39

92 + 5 = 97

5 + 34 = 39

5 + 92 = 97

🌲 빈칸에 알맞은 수를 쓰세요.

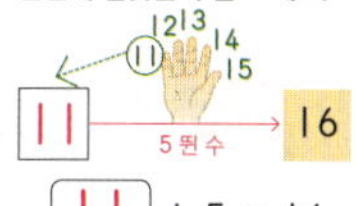
11 → 5 뛴 수 → 16

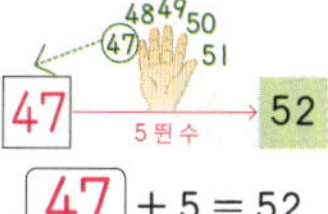
47 → 5 뛴 수 → 52

11 + 5 = 16

47 + 5 = 52

🌲 ◯ 안에 알맞은 수를 쓰세요.

52 + 5 = 57

83 + 5 = 88

5 + 52 = 57

5 + 83 = 88

공부한 날
월
일

91 빼기 10은 거꾸로 10 뛴 수

주차장에 있는 빈 곳의 번호를 알아보려고 해요.

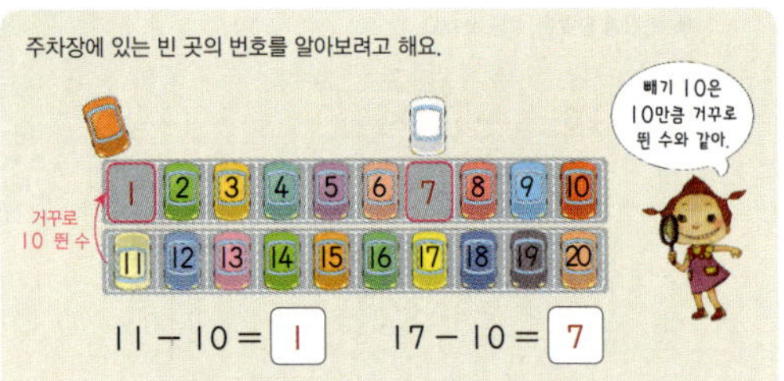

$11 - 10 = \boxed{1}$ $17 - 10 = \boxed{7}$

🌱 수 배열표의 빈 곳에 알맞은 수를 쓰고, 뺄셈을 하세요.

21	22	23	24	25	26	27	28	29	30
31	32	33	34	35	36	37	38	39	40

$33 - 10 = \boxed{23}$ $38 - 10 = \boxed{28}$

61	62	63	64	65	66	67	68	69	70
71	72	73	74	75	76	77	78	79	80

$74 - 10 = \boxed{64}$ $80 - 10 = \boxed{70}$

🌱 수 배열표의 빈 곳에 알맞은 수를 쓰고, 뺄셈을 하세요.

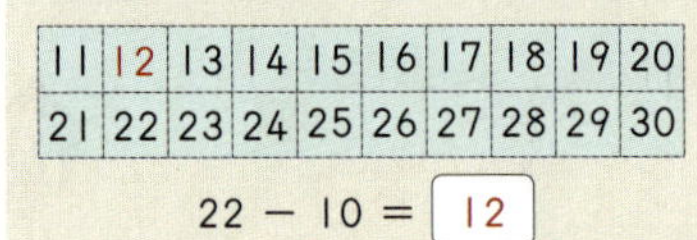

11	12	13	14	15	16	17	18	19	20
21	22	23	24	25	26	27	28	29	30

$22 - 10 = \boxed{12}$

21	22	23	24	25	26	27	28	29	30
31	32	33	34	35	36	37	38	39	40

$36 - 10 = \boxed{26}$ $38 - 10 = \boxed{28}$

51	52	53	54	55	56	57	58	59	60
61	62	63	64	65	66	67	68	69	70
71	72	73	74	75	76	77	78	79	80

$63 - 10 = \boxed{53}$ $74 - 10 = \boxed{64}$

$77 - 10 = \boxed{67}$ $80 - 10 = \boxed{70}$

지오와 태경이가 거꾸로 10 뛴 수를 찾아 빼기 10을 공부하고 있어요.

$32 - 10 = \boxed{22}$

🌱 비어 있는 곳에 거꾸로 10 뛴 수를 쓰고, 뺄셈을 하세요.

$19 - 10 = \boxed{9}$ $25 - 10 = \boxed{15}$

$47 - 10 = \boxed{37}$ $53 - 10 = \boxed{43}$

$66 - 10 = \boxed{56}$ $72 - 10 = \boxed{62}$

🌱 뺄셈을 하세요.

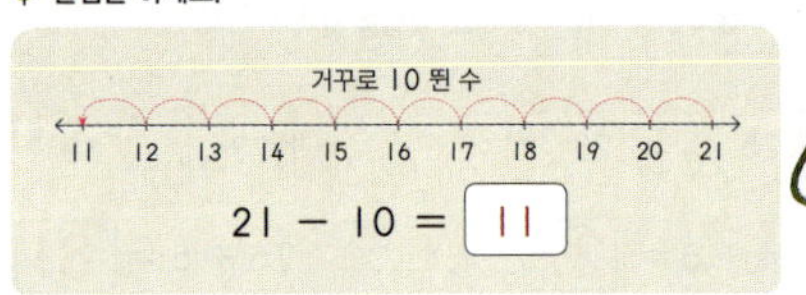

$21 - 10 = \boxed{11}$

$15 - 10 = \boxed{5}$ $29 - 10 = \boxed{19}$

$45 - 10 = \boxed{35}$ $58 - 10 = \boxed{48}$

$74 - 10 = \boxed{64}$ $36 - 10 = \boxed{26}$

$98 - 10 = \boxed{88}$ $81 - 10 = \boxed{71}$

92 빼기 10은 10 작은 수

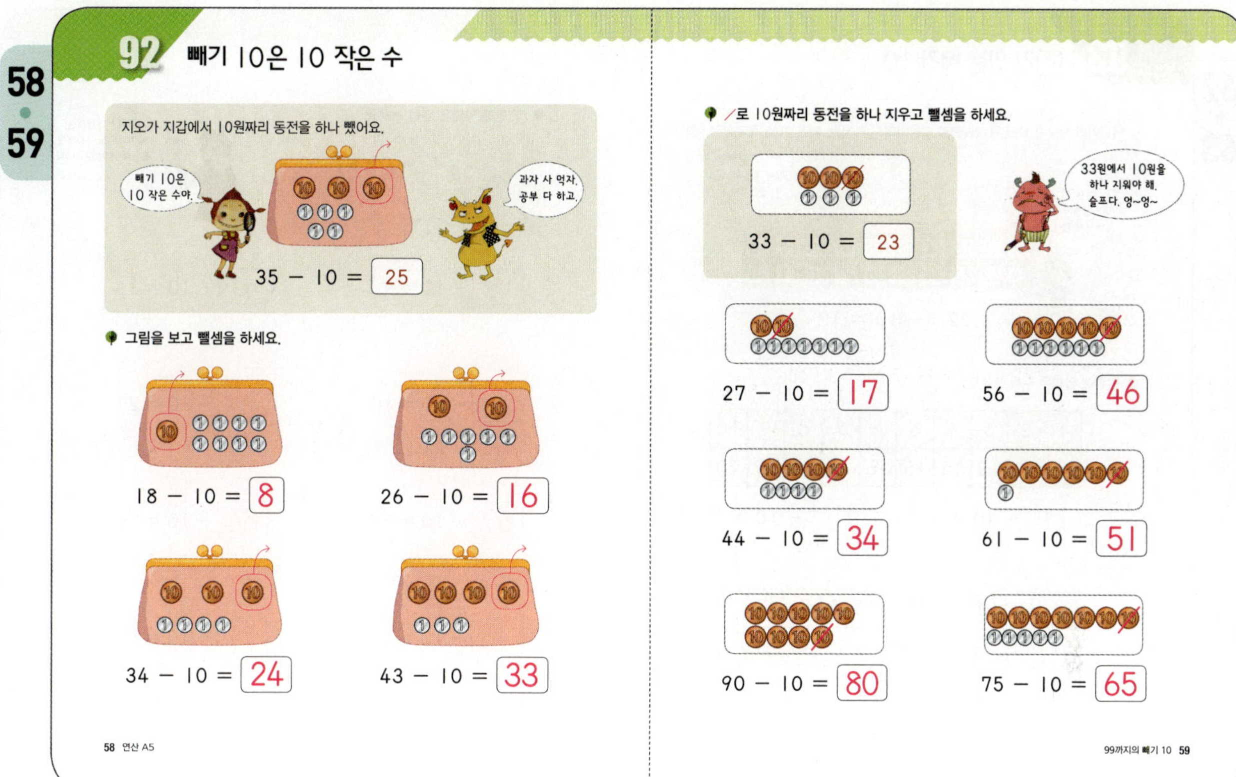

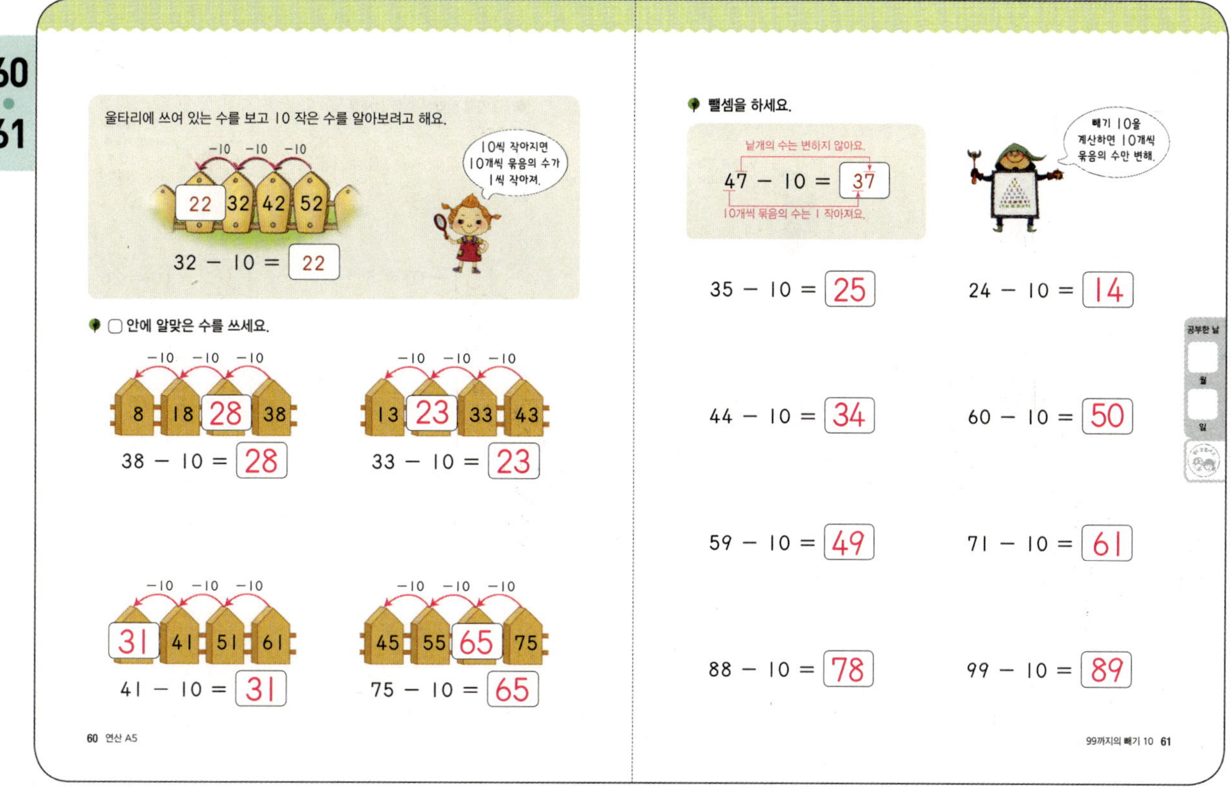

공부한 날
월
일

93 □가 있는 빼기 10

62 · 63

🌱 빈칸에 알맞은 수를 쓰세요.

1	2	3	4	5	6	7	8	9	10
11	12	13	14	15	16	17	18	19	20

11 − 10 = 1   17 − 10 = 7

41	42	43	44	45	46	47	48	49	50
51	52	53	54	55	56	57	58	59	60

53 − 10 = 43   56 − 10 = 46

🌱 □ 안에 알맞은 수를 쓰세요.

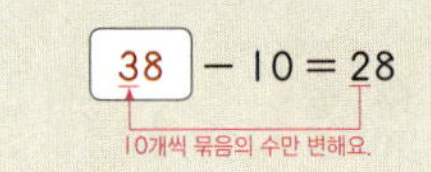
38 − 10 = 28
10개씩 묶음의 수만 변해요.

19 − 10 = 9   41 − 10 = 31

20 − 10 = 10   39 − 10 = 29

67 − 10 = 57   84 − 10 = 74

55 − 10 = 45   99 − 10 = 89

---

64 · 65

지갑에서 10원짜리 동전을 하나 꺼냈어요.
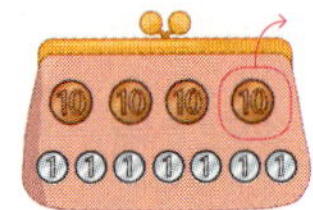

27 − 10 = 17

🌱 그림을 보고 □ 안에 알맞은 수를 쓰세요.

47 − 10 = 37   52 − 10 = 42

36 − 10 = 26   70 − 10 = 60

🌱 □ 안에 알맞은 수를 쓰세요.

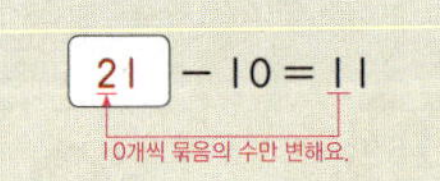
21 − 10 = 11
10개씩 묶음의 수만 변해요.

15 − 10 = 5   36 − 10 = 26

28 − 10 = 18   50 − 10 = 40

77 − 10 = 67   89 − 10 = 79

94 − 10 = 84   42 − 10 = 32

공부한 날
월
일

---

14 연산 A5

94 더하기 10과 빼기 10

지오와 태경이가 수 카드로 덧셈식과 뺄셈식을 만들고 있어요.

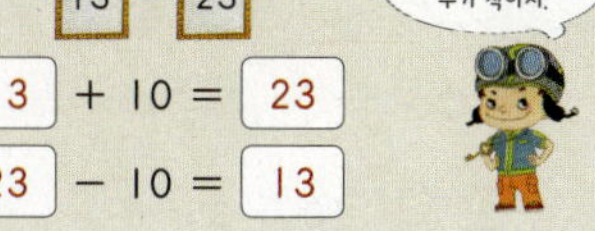

13   23

$13 + 10 = 23$

$23 - 10 = 13$

● 올바른 식이 되도록 수 카드에 적힌 수를 ☐ 안에 알맞게 쓰세요.

28   38

$28 + 10 = 38$
$38 - 10 = 28$

52   62

$52 + 10 = 62$
$62 - 10 = 52$

72   82

$72 + 10 = 82$
$82 - 10 = 72$

40   50

$40 + 10 = 50$
$50 - 10 = 40$

● 덧셈과 뺄셈을 하세요.

$14 + 10 = 24$
$24 - 10 = 14$

$2 + 10 = 12$
$12 - 10 = 2$

$20 + 10 = 30$
$30 - 10 = 20$

$39 + 10 = 49$
$49 - 10 = 39$

$51 + 10 = 61$
$61 - 10 = 51$

$85 + 10 = 95$
$95 - 10 = 85$

$77 + 10 = 87$
$87 - 10 = 77$

태경이가 덧셈을 2가지 방법으로 계산해 보았어요.

$4 + 10 = 14$

$\begin{array}{r} 4 \\ + 10 \\ \hline 14 \end{array}$

● 덧셈과 뺄셈을 하세요.

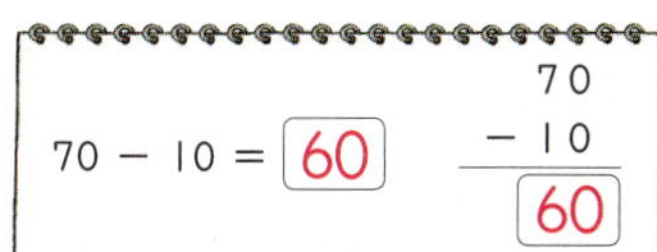

$13 + 10 = 23$ $\begin{array}{r} 13 \\ + 10 \\ \hline 23 \end{array}$

$48 - 10 = 38$ $\begin{array}{r} 48 \\ - 10 \\ \hline 38 \end{array}$

$70 - 10 = 60$ $\begin{array}{r} 70 \\ - 10 \\ \hline 60 \end{array}$

● 덧셈과 뺄셈을 하세요.

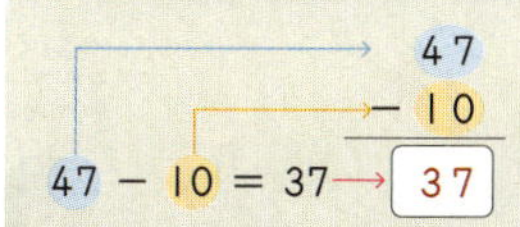

$47 - 10 = 37$

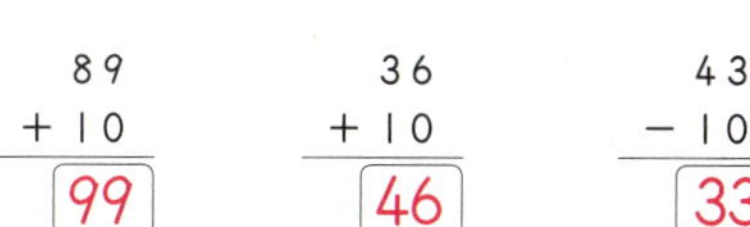

$\begin{array}{r} 47 \\ - 10 \\ \hline 37 \end{array}$

$\begin{array}{r} 9 \\ + 10 \\ \hline 19 \end{array}$

$\begin{array}{r} 20 \\ - 10 \\ \hline 10 \end{array}$

$\begin{array}{r} 76 \\ + 10 \\ \hline 86 \end{array}$

$\begin{array}{r} 89 \\ + 10 \\ \hline 99 \end{array}$

$\begin{array}{r} 36 \\ + 10 \\ \hline 46 \end{array}$

$\begin{array}{r} 43 \\ - 10 \\ \hline 33 \end{array}$

$\begin{array}{r} 91 \\ - 10 \\ \hline 81 \end{array}$

$\begin{array}{r} 66 \\ + 10 \\ \hline 76 \end{array}$

$\begin{array}{r} 82 \\ - 10 \\ \hline 72 \end{array}$

공부한 날
월
일

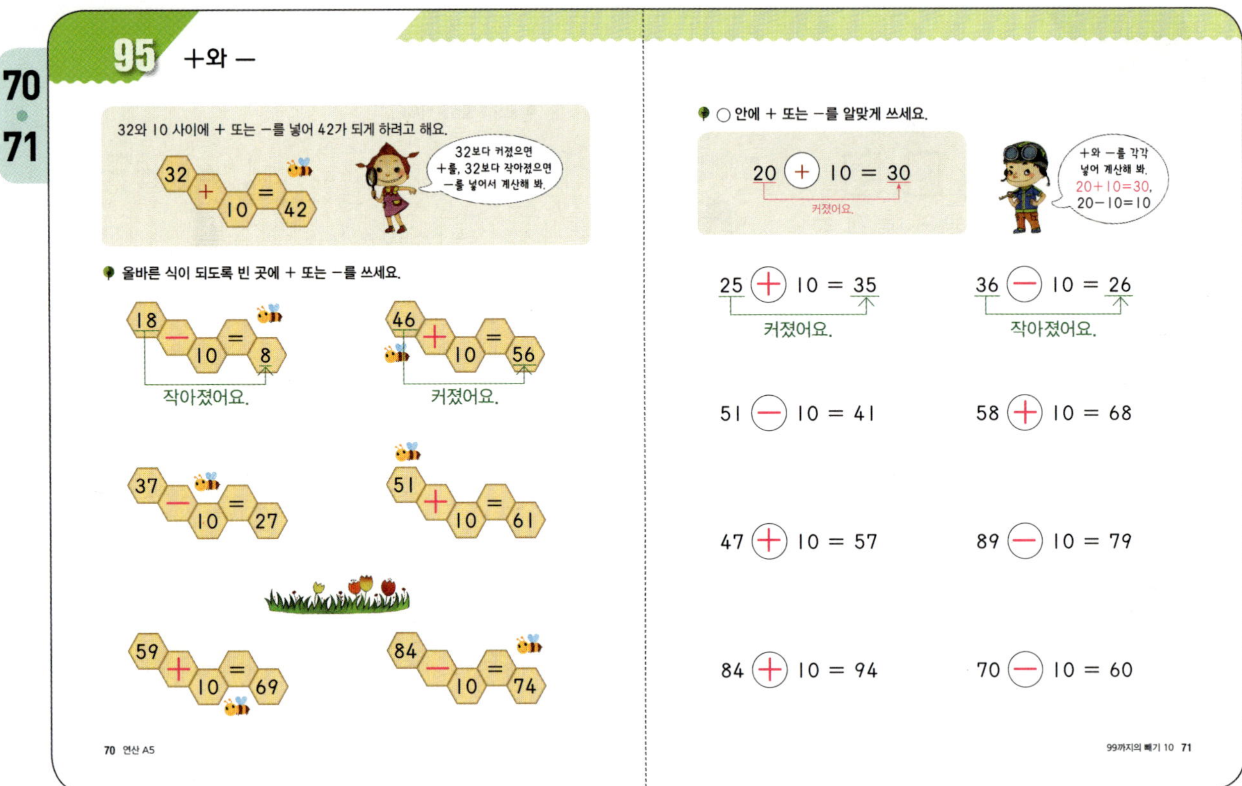
95 +와 −

32와 10 사이에 + 또는 −를 넣어 42가 되게 하려고 해요.

32
+
10
=
42

32보다 커졌으면 +를, 32보다 작아졌으면 −를 넣어서 계산해 봐.

올바른 식이 되도록 빈 곳에 + 또는 −를 쓰세요.

18
−
10
=
8
작아졌어요.

46
+
10
=
56
커졌어요.

37
−
10
=
27

51
+
10
=
61

59
+
10
=
69

84
−
10
=
74

70 연산 A5

○ 안에 + 또는 −를 알맞게 쓰세요.

20 (+) 10 = 30
커졌어요.

+와 −를 각각 넣어 계산해 봐.
20+10=30,
20−10=10

25 (+) 10 = 35
커졌어요.

36 (−) 10 = 26
작아졌어요.

51 (−) 10 = 41

58 (+) 10 = 68

47 (+) 10 = 57

89 (−) 10 = 79

84 (+) 10 = 94

70 (−) 10 = 60

99까지의 빼기 10 71

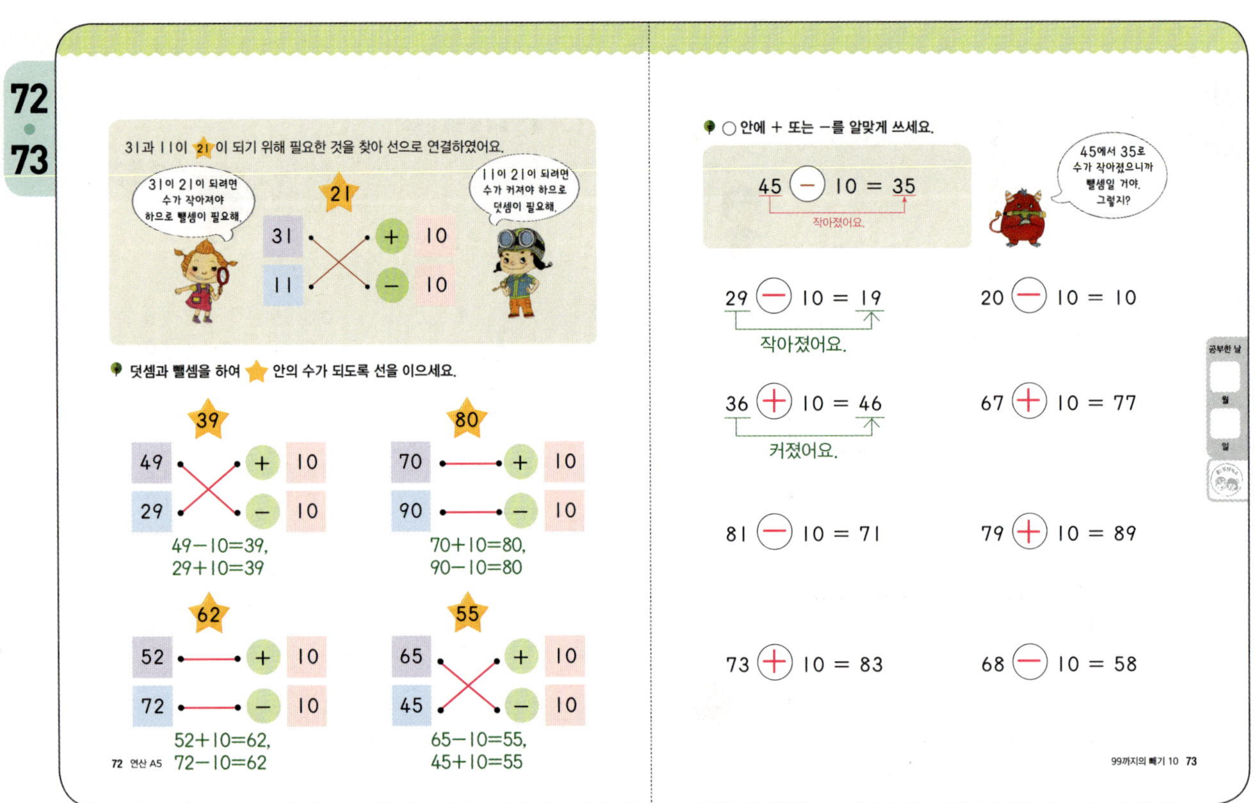
31과 11이 21이 되기 위해 필요한 것을 찾아 선으로 연결하였어요.

31이 21이 되려면 수가 작아져야 하므로 뺄셈이 필요해.

21

31
11
(+) 10
(−) 10

11이 21이 되려면 수가 커져야 하므로 덧셈이 필요해.

덧셈과 뺄셈을 하여 ★ 안의 수가 되도록 선을 이으세요.

39
49
29
(+) 10
(−) 10
49−10=39,
29+10=39

80
70
90
(+) 10
(−) 10
70+10=80,
90−10=80

62
52
72
(+) 10
(−) 10
52+10=62,
72−10=62

55
65
45
(+) 10
(−) 10
65−10=55,
45+10=55

72 연산 A5

○ 안에 + 또는 −를 알맞게 쓰세요.

45 (−) 10 = 35
작아졌어요.

45에서 35로 수가 작아졌으니까 뺄셈일 거야. 그렇지?

29 (−) 10 = 19
작아졌어요.

20 (−) 10 = 10

36 (+) 10 = 46
커졌어요.

67 (+) 10 = 77

81 (−) 10 = 71

79 (+) 10 = 89

73 (+) 10 = 83

68 (−) 10 = 58

공부한 날
월
일

99까지의 빼기 10 73

무엇을 배웠을까요

▲ 수 배열표의 빈 곳에 알맞은 수를 쓰고, 뺄셈을 하세요.

| 51 | 52 | 53 | 54 | 55 | 56 | 57 | 58 | 59 | 60 |
| 61 | 62 | 63 | 64 | 65 | 66 | 67 | 68 | 69 | 70 |

64 − 10 = 54   69 − 10 = 59

▲ 비어 있는 🍞에 거꾸로 10 뛴 수를 쓰고, 뺄셈을 하세요.

거꾸로 10 뛴 수
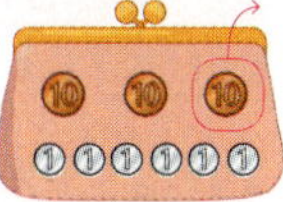

80 − 10 = 70   45 − 10 = 35

▲ 뺄셈을 하세요.

36 − 10 = 26   72 − 10 = 62

▲ 뺄셈을 하세요.

33 − 10 = 23   74 − 10 = 64

95 − 10 = 85   62 − 10 = 52

▲ 빈칸에 알맞은 수를 쓰세요.

| 71 | 72 | 73 | 74 | 75 | 76 | 77 | 78 | 79 | 80 |
| 81 | 82 | 83 | 84 | 85 | 86 | 87 | 88 | 89 | 90 |

85 − 10 = 75   90 − 10 = 80

▲ 올바른 식이 되도록 수 카드에 적힌 수를 ☐ 안에 알맞게 쓰세요.

46   56

46 + 10 = 56

56 − 10 = 46

▲ 덧셈과 뺄셈을 하세요.

2	37	85
+ 10	− 10	− 10
12	27	75

---

96 빼기 5는 거꾸로 5 뛴 수

지오가 숫자 카드에 써 있는 수만큼 6에서 거꾸로 가려고 해요.

5 | 1 | 2 | 3 | 4 | 5 | 6

6 − 5 = 1

● 색칠된 수에서 거꾸로 5 뛴 수에 ○표 하고, 뺄셈을 하세요.

7 | 8 | 9 | 10 | 11 | 12

23 | 24 | 25 | 26 | 27 | 28

12 − 5 = 7   28 − 5 = 23

20 | 21 | 22 | 23 | 24 | 25

32 | 33 | 34 | 35 | 36 | 37

25 − 5 = 20   37 − 5 = 32

● 뺄셈을 하세요.

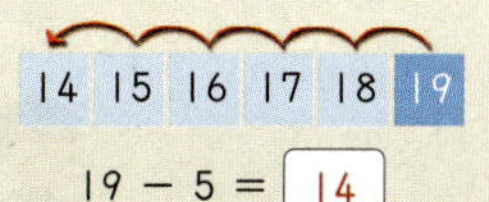
14 | 15 | 16 | 17 | 18 | 19

19 − 5 = 14

3 | 4 | 5 | 6 | 7 | 8

89 | 90 | 91 | 92 | 93 | 94

8 − 5 = 3   94 − 5 = 89

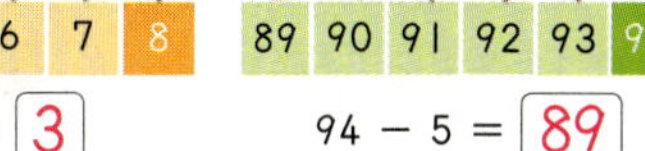
33 | 34 | 35 | 36 | 37 | 38

36 | 37 | 38 | 39 | 40 | 41

38 − 5 = 33   41 − 5 = 36

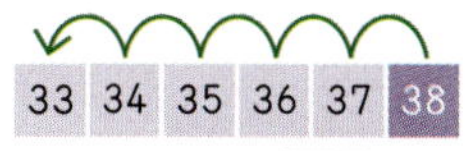
54 | 55 | 56 | 57 | 58 | 59

65 | 66 | 67 | 68 | 69 | 70

59 − 5 = 54   70 − 5 = 65

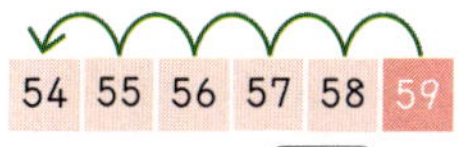

80 · 81

태경이가 손가락을 이용해서 빼기 5를 공부하고 있어요.

$$32 - 5 = 27$$

손가락을 이용하여 빈칸에 거꾸로 5 뛴 수를 쓰고, 빼셈을 하세요.

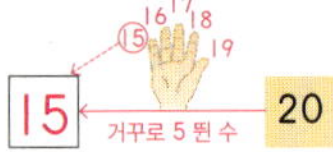

$$20 - 5 = 15$$

$$36 - 5 = 31$$

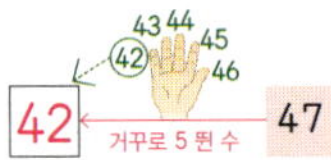

$$47 - 5 = 42$$

$$58 - 5 = 53$$

빼셈을 하세요.

$$21 - 5 = 16$$

$$9 - 5 = 4 \qquad 15 - 5 = 10$$

$$27 - 5 = 22 \qquad 38 - 5 = 33$$

$$40 - 5 = 35 \qquad 64 - 5 = 59$$

$$73 - 5 = 68 \qquad 97 - 5 = 92$$

82 · 83

97 빼기 5는 5 작은 수

태경이가 5개를 /로 지우면서 빼기 5를 공부하고 있어요.

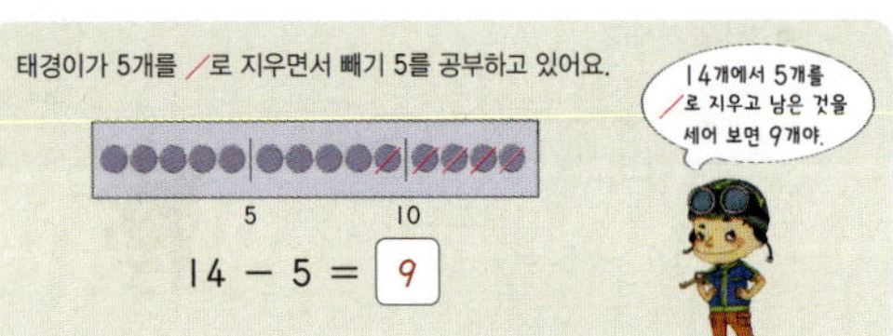

$$14 - 5 = 9$$

/로 5개를 지우고, 남은 개수를 세어 빼셈을 하세요.

$$8 - 5 = 3 \qquad 10 - 5 = 5$$

$$19 - 5 = 14$$

$$22 - 5 = 17$$

빼셈을 하세요.

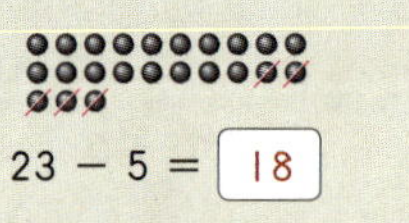

$$23 - 5 = 18$$

$$11 - 5 = 6 \qquad 25 - 5 = 20$$

$$37 - 5 = 32 \qquad 48 - 5 = 43$$

$$76 - 5 = 71 \qquad 82 - 5 = 77$$

$$59 - 5 = 54 \qquad 60 - 5 = 55$$

지오는 수 배열표를 보고 빼기 5를 공부하려고 해요.

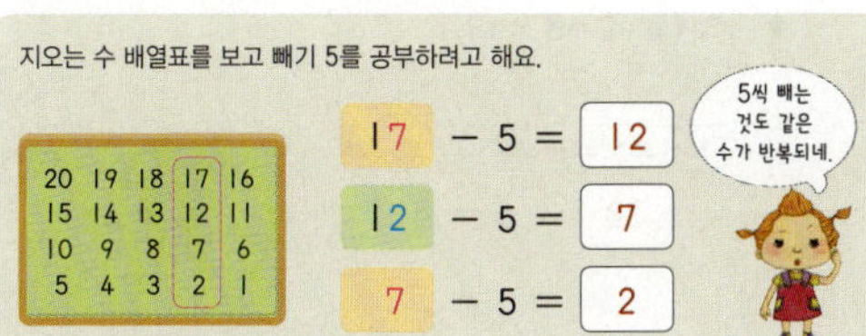

20	19	18	17	16
15	14	13	12	11
10	9	8	7	6
5	4	3	2	1

$17 - 5 = 12$

$12 - 5 = 7$

$7 - 5 = 2$

♣ 수 배열표를 보고 뺄셈을 하세요.

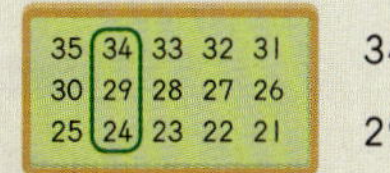

30	29	28	27	26
25	24	23	22	21
20	19	18	17	16
15	14	13	12	11

$30 - 5 = 25$

$25 - 5 = 20$

$20 - 5 = 15$

60	59	58	57	56
55	54	53	52	51
50	49	48	47	46
45	44	43	42	41

$58 - 5 = 53$

$53 - 5 = 48$

$48 - 5 = 43$

♣ 뺄셈을 하세요.

35	34	33	32	31
30	29	28	27	26
25	24	23	22	21

$34 - 5 = 29$

$29 - 5 = 24$

15	14	13	12	11
10	9	8	7	6
5	4	3	2	1

60	59	58	57	56
55	54	53	52	51
50	49	48	47	46

$13 - 5 = 8$

$8 - 5 = 3$

$57 - 5 = 52$

$52 - 5 = 47$

90	89	88	87	86
85	84	83	82	81
80	79	78	77	76

$89 - 5 = 84$

$84 - 5 = 79$

98 ☐가 있는 빼기 5

태경이가 ☐가 있는 빼기 5를 알아보려고 해요.

4	5	6	7	8	9

$9 - 5 = 4$

♣ ☐ 안에 알맞은 수를 쓰세요.

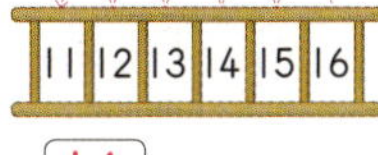

11	12	13	14	15	16

$16 - 5 = 11$

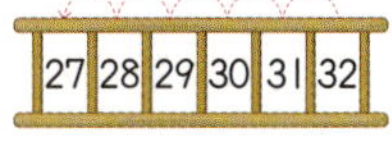

27	28	29	30	31	32

$32 - 5 = 27$

40	41	42	43	44	45

$45 - 5 = 40$

53	54	55	56	57	58

$58 - 5 = 53$

♣ ☐ 안에 알맞은 수를 쓰세요.

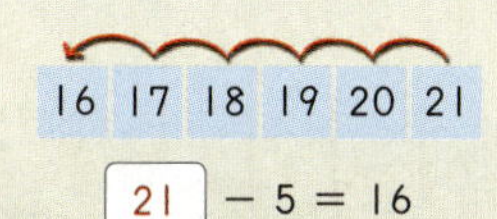

16	17	18	19	20	21

$21 - 5 = 16$

2	3	4	5	6	7

$7 - 5 = 2$

9	10	11	12	13	14

$14 - 5 = 9$

41	42	43	44	45	46

$46 - 5 = 41$

55	56	57	58	59	60

$60 - 5 = 55$

72	73	74	75	76	77

$77 - 5 = 72$

67	68	69	70	71	72

$72 - 5 = 67$

88·89

태경이가 손가락을 이용해서 빼기 5를 공부하고 있어요.

$48 - 5 = 43$

● □ 안에 알맞은 수를 쓰세요.

$44 - 5 = 39$ $50 - 5 = 45$

$66 - 5 = 61$ $85 - 5 = 80$

● □ 안에 알맞은 수를 쓰세요.

$38 - 5 = 33$

$31 - 5 = 26$ $42 - 5 = 37$

$46 - 5 = 41$ $70 - 5 = 65$

$98 - 5 = 93$ $17 - 5 = 12$

$64 - 5 = 59$ $79 - 5 = 74$

공부한 날 / 월 / 일

88 연산 A5 99까지의 빼기 5 89

90·91

99 더하기 5와 빼기 5

지오와 태경이는 깃발 속에 쓰여진 수를 보고 있어요.

$7 + 5 = 12$ $12 - 5 = 7$

● 덧셈과 뺄셈을 하세요.

$15 + 5 = 20$
$20 - 5 = 15$

$66 + 5 = 71$
$71 - 5 = 66$

● 덧셈과 뺄셈을 하세요.

$23 + 5 = 28$
$28 - 5 = 23$

$34 + 5 = 39$ $42 + 5 = 47$
$39 - 5 = 34$ $47 - 5 = 42$

$62 + 5 = 67$ $51 + 5 = 56$
$67 - 5 = 62$ $56 - 5 = 51$

$75 + 5 = 80$ $90 + 5 = 95$
$80 - 5 = 75$ $95 - 5 = 90$

90 연산 A5 99까지의 빼기 5 91

지오가 덧셈을 2가지 방법으로 계산해 보았어요.

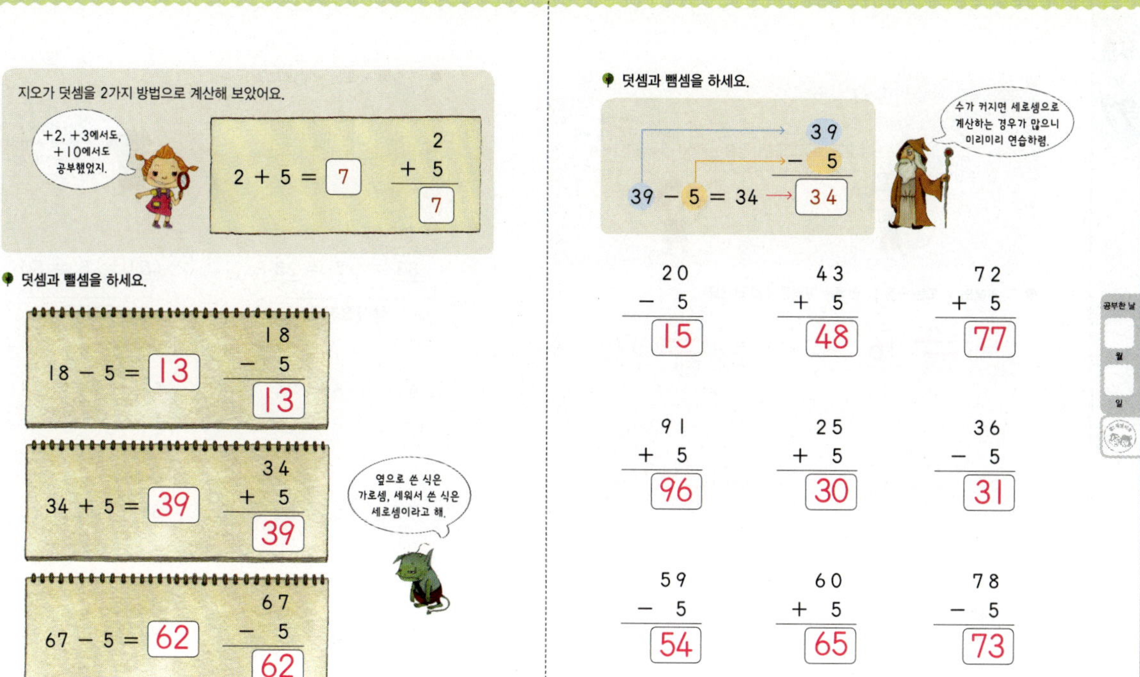

🌱 덧셈과 뺄셈을 하세요.

🌱 덧셈과 뺄셈을 하세요.

2 0	4 3	7 2
− 5	+ 5	+ 5
15	48	77

9 1	2 5	3 6
+ 5	+ 5	− 5
96	30	31

5 9	6 0	7 8
− 5	+ 5	− 5
54	65	73

---

100 +와 −

지오가 47과 5를 사용하여 42가 되는 식이 되도록 선을 그으려고 해요.

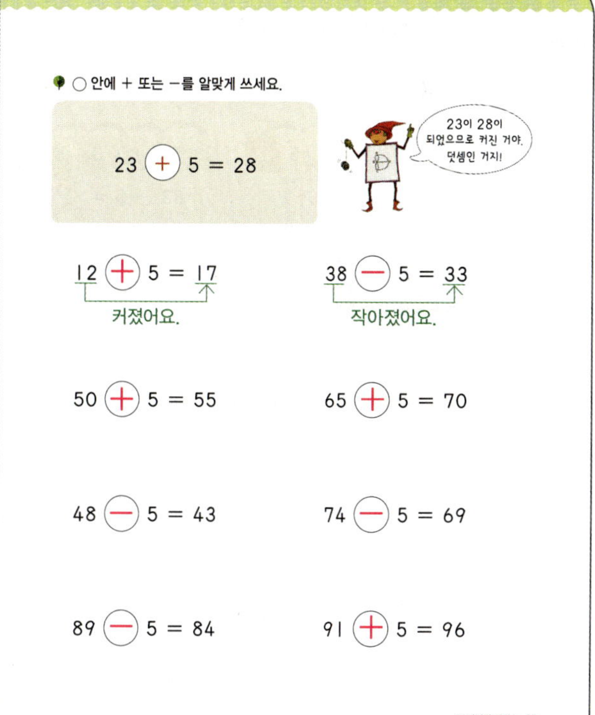

🌱 올바른 식이 되도록 선을 그으세요.

14+5=19

32+5=37

68−5=63

40−5=35

71+5=76

85+5=90

🌱 ◯ 안에 + 또는 −를 알맞게 쓰세요.

23 ⊕ 5 = 28

12 ⊕ 5 = 17
커졌어요.

38 ⊖ 5 = 33
작아졌어요.

50 ⊕ 5 = 55

65 ⊕ 5 = 70

48 ⊖ 5 = 43

74 ⊖ 5 = 69

89 ⊖ 5 = 84

91 ⊕ 5 = 96

96·97

지오는 태경이가 낸 문제를 풀고 있어요.

◆ ○ 안에는 + 또는 −를, □ 안에는 알맞은 수를 쓰세요.

11 +5/−5 **16**　　　32 +5/−5 **37**

53 +5/−5 **58**　　　68 +5/−5 **73**

44 +5/−5 **49**　　　75 +5/−5 **80**

◆ ○ 안에 + 또는 −를 쓰세요.

$59 \ominus 5 = 54$

$33 \ominus 5 = 28$ 　 작아졌어요.　　$45 \oplus 5 = 50$ 　 커졌어요.

$69 \oplus 5 = 74$　　　$58 \ominus 5 = 53$

$77 \oplus 5 = 82$　　　$81 \oplus 5 = 86$

$87 \ominus 5 = 82$　　　$99 \ominus 5 = 94$

98·99

무엇을 배웠을까요

▲ 뺄셈을 하세요.

41 42 43 44 45 **46**　　　78 79 80 81 82 **83**

$46 - 5 = \boxed{41}$　　　$83 - 5 = \boxed{78}$

▲ /로 5개를 지우고 남은 개수를 세어 뺄셈을 하세요.

$9 - 5 = \boxed{4}$

$17 - 5 = \boxed{12}$

▲ 뺄셈을 하세요.

$16 - 5 = \boxed{11}$　　　$88 - 5 = \boxed{83}$

$74 - 5 = \boxed{69}$　　　$69 - 5 = \boxed{64}$

$32 - 5 = \boxed{27}$　　　$41 - 5 = \boxed{36}$

▲ □ 안에 알맞은 수를 쓰세요.

19 20 21 22 23 24　　　93 94 95 96 97 98

$\boxed{24} - 5 = 19$　　　$\boxed{98} - 5 = 93$

▲ 덧셈과 뺄셈을 하세요.

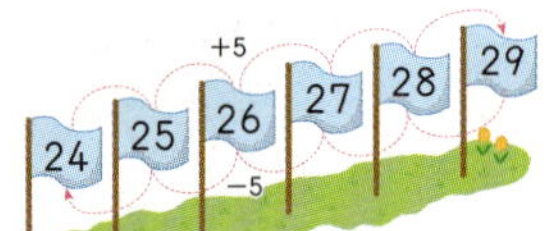

$24 + 5 = \boxed{29}$

$29 - 5 = \boxed{24}$

▲ 덧셈과 뺄셈을 하세요.

$13 + 5 = \boxed{18}$　　　$75 + 5 = \boxed{80}$

$\boxed{18} - 5 = 13$　　　$\boxed{80} - 5 = 75$

▲ 덧셈과 뺄셈을 하세요.

$16 - 5 = \boxed{11}$　　　$23 + 5 = \boxed{28}$　　　$74 - 5 = \boxed{69}$

99까지의 더하기 10

관련 쪽수: 6~27쪽

✛ 덧셈을 하세요.

$2 + 10 = \boxed{12}$　　$7 + 10 = \boxed{17}$

$24 + 10 = \boxed{34}$　　$38 + 10 = \boxed{48}$

$86 + 10 = \boxed{96}$　　$79 + 10 = \boxed{89}$

$40 + 10 = \boxed{50}$　　$51 + 10 = \boxed{61}$

$67 + 10 = \boxed{77}$　　$84 + 10 = \boxed{94}$

$43 + 10 = \boxed{53}$　　$56 + 10 = \boxed{66}$

$15 + 10 = \boxed{25}$　　$49 + 10 = \boxed{59}$

✛ 덧셈을 하세요.

$17 + 10 = \boxed{27}$　　$29 + 10 = \boxed{39}$
$10 + 17 = \boxed{27}$　　$10 + 29 = \boxed{39}$

$63 + 10 = \boxed{73}$　　$88 + 10 = \boxed{98}$
$10 + 63 = \boxed{73}$　　$10 + 88 = \boxed{98}$

✛ ☐ 안에 알맞은 수를 쓰세요.

$10 + \boxed{4} = 14$　　$10 + \boxed{29} = 39$

$10 + \boxed{62} = 72$　　$10 + \boxed{71} = 81$

$\boxed{50} + 10 = 60$　　$\boxed{43} + 10 = 53$

$\boxed{13} + 10 = 23$　　$\boxed{85} + 10 = 95$

99까지의 더하기 5

관련 쪽수: 30~51쪽

✛ 덧셈을 하세요.

$3 + 5 = \boxed{8}$　　$16 + 5 = \boxed{21}$

$85 + 5 = \boxed{90}$　　$92 + 5 = \boxed{97}$

$1 + 5 = \boxed{6}$　　$9 + 5 = \boxed{14}$

$12 + 5 = \boxed{17}$　　$30 + 5 = \boxed{35}$

$47 + 5 = \boxed{52}$　　$38 + 5 = \boxed{43}$

$61 + 5 = \boxed{66}$　　$66 + 5 = \boxed{71}$

$74 + 5 = \boxed{79}$　　$25 + 5 = \boxed{30}$

✛ 덧셈을 하세요.

$14 + 5 = \boxed{19}$　　$39 + 5 = \boxed{44}$
$5 + 14 = \boxed{19}$　　$5 + 39 = \boxed{44}$

$80 + 5 = \boxed{85}$　　$91 + 5 = \boxed{96}$
$5 + 80 = \boxed{85}$　　$5 + 91 = \boxed{96}$

✛ ☐ 안에 알맞은 수를 쓰세요.

$5 + \boxed{5} = 10$　　$5 + \boxed{11} = 16$

$5 + \boxed{87} = 92$　　$5 + \boxed{72} = 77$

$\boxed{43} + 5 = 48$　　$\boxed{51} + 5 = 56$

$\boxed{54} + 5 = 59$　　$\boxed{25} + 5 = 30$

99까지의 빼기 10
관련 쪽수: 54~75쪽

✛ 뺄셈을 하세요.

$17 - 10 = \boxed{7}$ $38 - 10 = \boxed{28}$

$92 - 10 = \boxed{82}$ $78 - 10 = \boxed{68}$

$80 - 10 = \boxed{70}$ $55 - 10 = \boxed{45}$

$42 - 10 = \boxed{32}$ $14 - 10 = \boxed{4}$

$23 - 10 = \boxed{13}$ $81 - 10 = \boxed{71}$

$66 - 10 = \boxed{56}$ $59 - 10 = \boxed{49}$

$75 - 10 = \boxed{65}$ $63 - 10 = \boxed{53}$

✛ 덧셈과 뺄셈을 하세요.

$15 + 10 = \boxed{25}$ $47 + 10 = \boxed{57}$
$\boxed{25} - 10 = 15$ $\boxed{57} - 10 = 47$

$60 + 10 = \boxed{70}$ $78 + 10 = \boxed{88}$
$\boxed{70} - 10 = 60$ $\boxed{88} - 10 = 78$

✛ 덧셈과 뺄셈을 하세요.

16	32	45
+ 10	− 10	+ 10
26	**22**	**55**

70	83	95
− 10	+ 10	− 10
60	**93**	**85**

99까지의 빼기 5
관련 쪽수: 78~99쪽

✛ 뺄셈을 하세요.

$77 - 5 = \boxed{72}$ $46 - 5 = \boxed{41}$

$68 - 5 = \boxed{63}$ $85 - 5 = \boxed{80}$

$14 - 5 = \boxed{9}$ $90 - 5 = \boxed{85}$

$29 - 5 = \boxed{24}$ $33 - 5 = \boxed{28}$

✛ 덧셈과 뺄셈을 하세요.

18	62	15
− 5	+ 5	− 5
13	**67**	**10**

74	10	51
− 5	+ 5	+ 5
69	**15**	**56**